摩根解经丛卷

坎伯·摩根 著

王克勤 译

# 约伯记

上海三联书店

# 序　言

　　这卷书的序言可以在"解经丛卷"（The Analyzed Bible）入门卷《从约伯记到玛拉基书》（*Job to Malachi*）中关于约伯记的一章中找到。在此，我们同时开始对其中的简要提纲进行更详细的分析。要研读约伯记这卷书，有必要熟悉那个提纲。

G. 坎伯·摩根

# 目　录

# 第三部分 结尾

# 第一部分

## 序幕

# 一　　　　　　　　　　　　　　经炼之前的那人

本卷书中有两幅画，一幅在开篇，一幅在结尾处，展示了约伯处在繁荣的境况中。在第一幅画中，呈现了他的品格、家人和财富。在所有这些方面，他的伟大显而易见。

## 1. 他的品格

描写他品格的语言很简单，但几乎详尽无遗，说明他为人正直，总是令人肃然起敬。从外在表现和内在动力这两方面做了介绍。

在外在表现上，他"完全正直"，这说明他在道德上无可指摘，并非指无罪的完全。

这种正直的内在动力是他"敬畏上帝，远离恶事"。约伯的道德是建立在宗教基础上的，也是宗教的必然结果。这是唯一能使强大而持久的道德得以发展的根本原则。

## 2. 他的家人

　　约伯和家人在一起的画面其乐融融。他以儿女为乐,并不拦阻他们的欢宴,而是融入其中,尽享欢乐。他对子女的爱,淋漓尽致地表现在对他们品格的关心上。作为家族的祭司,他在上帝面前把他们放在心上,唯恐他们在宴乐中犯罪得罪他。

## 3. 他的财富

　　最后,可以看出他是一个非常富有的人。书卷的后续部分提到了他的财产,表明他的财富得到了正确使用。

　　在这个人的画像中,他的伟大是按照重要性顺序来介绍的:从他与上帝的关系所产生的道德和属灵事实开始。随后铺开的是他在家庭关系中表现出来的温和、宽厚的态度和行为。最后罗列了他所拥有的巨大财富,以及他在使用财富方面的伟大之处。

　　于是,这个人浮现在我们眼前,强壮而威严,正直又温和,公正且高尚。用编年史家的措辞来说,"在东方人中就为至大。"

# 第二部分

## 剧情

二、天堂与地狱之争（一 6～二 10）

　　1. 第一回合（一 6～22）

　　　　（1）天上的会议（一 6～12）

　　　　　　A. 上帝对约伯的判断

　　　　　　B. 撒但对约伯的判断

　　　　　　C. 挑战

　　　　　　D. 接受挑战

　　　　　　　　a. 许可

　　　　　　　　b. 限制："只是"

　　　　（2）地上的冲突（一 13～22）

　　　　　　A. 撒但

　　　　　　　　a. 他的恶意

　　　　　　　　b. 他的坚持

　　　　　　　　c. 他的限制

　　　　　　B. 约伯

　　　　　　　　a. 他的态度

　　　　　　　　b. 他的言语

　　2. 第二回合（二 1～10）

　　　　（1）天上的会议（二 1～6）

　　　　　　A. 上帝有关约伯的指示

　　　　　　B. 新挑战

　　　　　　C. 接受挑战

　　　　　　　　a. 许可

b. 限制
（2）地上的冲突（二 7～10）
  A. 双重磨难
   a. 过去的痛苦
   b. 新的痛苦——身体的折磨
  B. 他妻子的同情
  C. 他的胜利

约伯记的主体部分戏剧性地提出了三大争论，在每一个争论中，最终的胜利都在正义和真理一方。

第一个是天堂与地狱之间关于地上的争论。在双方关于人类的冲突中，栩栩如生地描述了宇宙中的灵界力量。

第二个是约伯与朋友之争，其中揭示了：完全用时间和感觉的量度来衡量，是不可能理解已发生之事的。

最后一个是耶和华与约伯之争。从中可以看出，认识到耶和华的伟大，是在人的经验中信心得胜的途径。

天堂与地狱之争分为两个回合。第一回合与约伯的财产有关；第二回合则与他本人有关。

## 1. 第一回合

这一回合有两个乐章。第一乐章讲述的是天上的会议；第二乐章讲述的是随之而来的地上的冲突。

### （1）天上的会议

本节呈现的情况令人匪夷所思，天堂与地狱在有关地上的问题上争执不下。有人听见上帝在替一个人辩护，反对撒但。

画面的前提是上帝对整个宇宙的主权。在至高者的严肃会中，天上的众使者聚集到他面前。其中有一个，本质上和他们相似，但却品格迥异。他的名字叫撒但，字面意思是"敌对者"。

当耶和华用"你从哪里来？"挑战他时，他的回答充满了怪异的不安："我从地上走来走去，往返而来。"不过，这个回答显明一个事实：他一直在指定的范围内行动。

他在上帝的众天使中出现，并非无端或意外地闯入，而是慑于至高者无法抗拒的权威。即便是他，也无法摆脱。

这样，我们就看见了坐着掌权的耶和华。所有天使活物，无论善恶，都不得不觐见他，向他报告。这是整卷书的关键，立刻纠正了那些在我们思想中经常出现的、有关撒但的松散想法。在某些领域，仇敌可以达到他恶毒的目的，但总是在控制之下。

上帝就他的仆人约伯向撒但提出挑战，并对约伯作出了神圣的判断："你曾用心察看我的仆人约伯没有？ 地上再没有人像他那样，完全正直，敬畏神，远离恶事。"仇敌的回答，给出了他的判断："约伯敬畏神岂是无故的呢？ 你岂不是四面圈上篱笆围护他和他的家，并他一切所有的吗？ 他手所作的都蒙你赐福；他的家产也在地上增多。"这个回答实际上是说，约伯对上帝的态度完全出于自私。按照撒但的说法，如果约伯拥有的东西被夺去，他就不会再忠于上帝的宝座了。

这是约伯的试炼要为万世解答的一个难题。从这一刻起，在研究本卷书的时候，我们一定要记住，约伯成了天国秩序的代表人物。

仇敌获准处置约伯的财产。上帝明确规定了他不得僭越的界限，不许碰族长这个人。这种许可里，带有神圣治理和圣洁柔情的证据。

## （2）地上的冲突

场景一变，天上的会议在地上的后果显现出来了。约伯大难临头。仇敌和上帝的仆人约伯之间的冲突持续发展着。从某种意义上说，似乎前者占尽优势，因为约伯在一定程度上对他的对手无能为力。不过，有一个内在堡垒，敌人无法触及。

撒但在惊人的光中显现。从他选择的时间上，可以看出他的恶意。他在诸事亨通中出击。他的坚持体现在他直奔许可的最高极限,方才罢手。他的有限性很明显,他无法跨越那个界限。约伯如今站在我们面前,令人目不忍睹。不过转眼之间,他从富甲天下到一贫如洗,差不多失去了所有的亲人。他对飞来横祸的反应,体现了他的无畏无惧和眼界开阔。其中没有故作镇静。他甚为愁苦,毫不掩饰各种外在的哀恸迹象。

其间,他再次转向生命的最高行为,虔诚地屈身下拜。他的话极具哲理。他认识到,人比他为自己积聚的财物更重要,财物生不带来,死不带去。他的态度绝不仅仅是认命。他既然知道无论祸福都由耶和华掌管,就在可怕的灾祸中举起赞美的祭。如此一来,仇敌在天上会议中的谎言就被揭穿了。

## 2. 第二回合

本回合中,又有前一回合的两个乐章。第一,天上的会议;第二,随之而来的地上的冲突。

### (1) 天上的会议

严肃会再次召开,撒但也再次到场。至高者对他的仆人作出了同样的评价,不过,现在又加上一句,宣告他的仆人约伯在已经发生的冲突中取得了胜利。于是,仇敌说,是上帝所设的界限妨碍了他达到目的。尽管约伯面对财产损失而获胜,并没有因而证明他对上帝的忠诚。因为他自己的生命还没有被软弱触动,这人本性的伟大并没有受损。但凡让他意识到他自己人格力量的衰败,他就会立即弃掉上帝。

魔鬼算定人性一贯如此,他断言肉体至上。此处,这一观点在天上被认为是对信靠之人灵魂的诽谤。长达数世纪之后,在旷野的孤独中,另一位人子也被如此提议。魔鬼最初就持有堕落的人性观,当人们被诱惑接受这些观点时,魔鬼就确保他所主张的堕落会发生。

他再次获准去试探,以证明他的诽谤。但神圣的界限也再次划定了他的行动范围。这人的性命神圣不可侵犯。

## （2）地上的冲突

仇敌前去做他可怕的工作，惨烈的画面立时呈现在眼前，属上帝的这个人的肉体被极度摧残，因而人格也被削弱。

当我们虔诚地看着他受苦的时候，必定不会忘记先前的遭遇给他的内心带来的悲怆。因此，我们如今见他身心被不幸双重压伤。雪上加霜的合力，犹如巨大的黑暗翅膀袭来，把他扑倒在地。

除了这些难以承受的经历之外，他妻子的同情又不露声色地给了他一刀。"同情"这个字眼，在这里用得非常有心。谁要是从来没有站着、看着自己的至爱深陷病痛，受苦受难，就没有资格向这个妇人扔石头责难她。

因为爱得深切，她完全被误导了。纵观这一切遭遇，她劝他，"你弃掉神，死了吧。"这建议来自仇敌固然可怕，但当它来自于生命中最亲爱的人时，杀伤力简直无以复加。

他对她的回答依然温和，同时又对上帝忠贞不渝。他既然肯定人格高于财物，如今他展示了自己的人格力量，承认上帝至高无上的主权，承认人类的智慧在于不仅乐意从上帝手中接受好处、祝福和安逸，还包括甘愿接受不幸、苦难和悲伤。

自此，仇敌消失了，在本卷书中再也没有出现过。他已经完成了可怕的行动。到目前为止，他的诽谤显然是谎言。

在这些乐章中，作者为我们拉开帷幕，好让我们明白约伯的不幸的意义。重要的是，我们应该记住，随着情节的发展，所有的争论都出于一个事实：约伯和他的朋友对天上这些与他有关的冲突都毫不知情。

三、约伯与朋友之争(二 11～三七 24)

   1. 他们的到来(二 11～三 26)

     (1) 他们的同情(二 11～13)

       A. 朋友们(二 11)

         a. 以利法

         b. 比勒达

         c. 琐法

       B. 他们的到来(二 12)

       C. 他们的沉默(二 13)

     (2) 约伯的哀歌(三 1～26)

       A. 哀叹他的存在(三 1～10)

         a. 诅咒他的生日

         b. 诅咒他受孕之夜

       B. 哀叹他的保全(三 11～19)

         a. 哀怨的问题

         b. 死亡的宁静

           (a) 陵墓中的君王

           (b) 王子与其金子

           (c) 未见光的婴孩

       C. 哀叹他的存留(三 20～26)

         a. 哀怨的问题

         b. 述说他的悲伤

约伯与朋友之争有三个部分。首先,交代了约伯的朋友们的到访。其次,描写了他们和他之间长时间的争执。最后,介绍另一位发言人,他的声音是约伯在上帝显现之前听到的最后声音。

## 1. 他们的到来

这一节讲述了朋友们的到来,以及约伯对那些他认为富有同情心的听众发出的苦涩的哀叹。

### (1) 他们的同情

对约伯来说,最黑暗的日子现在开始了。在灾难的冲击中,总会有某种刺激。打击临到时的震惊和惊奇,激起人求胜的力量。阴郁的寂静里酝酿着情绪,触发了激烈的争执。族长如今陷入沉默和随之而来的冲突之中。

所有在他亨通时期认识他、受他慷慨款待,或因他的仁慈而得到周济的人当中,只有三个人在他遭受灭顶之灾的时候来找他。不久之后,另一个叫以利户的人也加入了他们的行列。至于以利户是早就认识约伯,还是偶然听到了他和朋友之争,记载不详。

这些朋友是提幔人以利法、书亚人比勒达以及拿玛人琐法。我们只知道提幔是以东的一个族,书亚是米甸人的一个兄弟部族,除此之外一无所知;至于拿玛,我们什么都不知道。

人们不禁要问,曾经蒙他福祉荫庇的那些人都去哪儿了? 这种探究揭示了故事中那些人的数量,正是这一点,使得故事对各世代的人都具有吸引力。泛泛之交只能同享乐,真正的朋友才会共患难。诚然,最终约伯在朋友们手里遭受的痛苦大过仇敌的攻击。不过,认识到他们的到来是出于同情,不失为一件好事。他们显然听说了约伯的不幸遭遇,就约定去看他,到访的目的交代得很清楚,是定意为他哀悼,想要安慰他。

他们乍一见到约伯时的情形,描述得惟妙惟肖。据说,他们看到他,却不认识他。其中的用意很明显。这当然不是字面上的意思,他们不知道他是谁,而是说他的变化如此之大——再回想起他患的病,确切地说,他已面目全非——令人难以相信,这就是他们在他强盛亨通时期所认识的那个人。他们不知所措,用遍了东方人表达极度悲伤的特有方式:放声大哭,撕裂外袍,向天扬灰落在头上。

他们真切的同情有目共睹:一言不发地坐在他面前,七天七夜之久。悲痛欲绝之时,真友谊的最佳表达方式,往往是沉默而不是言语。

更当谨记,现在,在他们的论点让他苦不堪言之际,他们的友情依然显而易见。因为他们对他的看法,是当面说给他而不是在人前议论。

到此为止,这几个人完全值得敬佩。他们不久之后的失败在于忘记了——"天地间有更多的东西,比你的哲学所能想像的还要多。"

他们的真诚和诚实毋庸置疑。

## (2) 约伯的哀歌

无声的同情总能营造出一种氛围,使悲伤有可能自行释放。约伯的愁苦哀号,对他来说无疑是一种莫大的安慰,这正是他们的同情使然。至此,他们对他确实有帮助。倒出阴郁不解的苦水,总比郁闷纠结要好得多。

这首哀歌不只是述说压抑着的悲哀,更是为寻求解脱而发出的高声呐喊。其中有三个乐章。第一,激烈地咒诅他出生那天和他受孕当晚;第二,悲叹他自身得以保全这一事实;最后,鉴于他处在持续不绝、无法弥补的悲哀处境中,哀悼他的苟延残喘。整首哀歌大举哀悼,充满了痛苦,是一个人的呼求,对他来说,生命俨然成了不堪忍受的重负。


### A. 哀叹他的存在

从当下的意识中,他回头看他出生的那天,并咒诅那是一个邪恶的日子,哽咽着诉说对它的各种愿望。虽然这些愿望不可能实现,不过却显明他如今的悲伤有多么深重,多么难以承受。

冥思苦想中,他的心思又回到了先前他受孕的奥秘上,哽咽着说出了同样咒诅的话。


### B. 哀叹他的保全

只是,这样的咒诅有什么用呢? 他的受孕和出生已是不可避免的事实。如果这些都不能改变，那他为什么还活着？或者为什么允许他继续活着？他用哀怨的语气，颤抖的声音，问了一连串的问题，为哺育他、供养他的细心照料而哀哭；他想到，如果没有这些，不存活于世该是多么安静啊。他就能像君王和世上的达官贵人，睡在为自己建造的坟墓里。或像王子，把金银都撒在身后。在对生命的思考上，这些人物每一个身上都带有些许讽刺意味。在国王修建陵墓，王子拥有金银的情况下，动荡不安显而易见。他们入葬后才得安息，同时失去了财物。他又举了另一个更形象的例子，巴不得像未见光已夭折的婴孩。所有这些人，无一例外地被认为从死亡中得到了解脱。接下来的一段话情文并茂，把死亡描述为一个宁静和安息的所在。在那里，所有人都摆脱了生活中痛苦的根源。

### C. 哀叹他的存留

最后，他再次意识到这种哀叹没什么用，因为死亡尚未让他解脱。他为自己的存留而哀恸，怀疑对于一个像他这样陷入无尽的、无法补救的苦境中的人，继续活着是否智慧，是否仁慈，或者既不智慧也不仁慈？在他看来，这种悲伤是逃避不了的经历，是茫然无措的谜团，是无从消解的愁烦。

在《约伯记》的第一部分中，约伯在经历了第一、二轮冲突后说的一些话，与这次的三重哀歌形成了对比：随着痛苦对人格深层的侵蚀，他的焦躁变得更加明显。在仇敌第一次袭击结束时，他失去了所有的财产，依然肯定了自己对人格之伟大的感悟，以及上帝统治的良善。在第二次攻击结束时，即便在妻子不露声色的提议面前，他仍持定上帝掌管善恶的观点。

在这首哀歌中，这些信念显然动摇了。他所遭受痛苦的剧烈程度，降低了他对自己生命价值的认识。曾郑重地宣告"我赤身出于母胎，也必赤身归回"的人，反倒咒诅自己的生日。

这削弱了他对上帝统治的良善的信念。他不再安于"赏赐的是耶和华，收取的也是耶和华"，他用凄苦的哀歌，叹息死亡的平静。

他对上帝掌管善恶的信心动摇了。他不再探究"我们从神手里得福,不也受祸吗?",而是苦苦追问,"受患难的人为何有光赐给他呢?"

　　整首哀歌字里行间流露出对痛苦和神秘事物的觉察,是为求解脱而发出的一声痛哭。

---

2. 争论(四 1～三一 40)
　(1) 第一轮对话(四 1～十四 22)
　　A. 以利法(四 1～五 27)
　　　a. 开场白(四 1～6)
　　　　(a) 致歉,但迫不得已
　　　　(b) 惊讶于约伯的失败
　　　　(c) 劝告
　　　b. 阐述理念(四 7～五 7)
　　　　(a) 苦难和罪的关系
　　　　　　说明
　　　　　　举例
　　　　(b) 午夜异象和声音
　　　　(c) 对约伯的挑战
　　　　　　创造
　　　　　　举例说明
　　　　(d) 总结
　　　c. 给出的建议(五 8～27)
　　　　(a) 第一句话
　　　　　　提建议
　　　　　　论述
　　　　(b) 第二句话
　　　　　　提建议
　　　　　　论述
　　　　(c) 正式结论

## 2. 争论

本部分的第二节,如实记载了约伯和他三个朋友之间长篇的争论,共有三轮对话。随着我们继续向前,每轮对话的细节将会显明。不过,最好还是现在说明每一轮对话的主要价值。

在第一轮对话中,以利法、比勒达和琐法宣告上帝是公义的,他赏善罚恶。约伯回答说,他自己的经历证明了这些说法是假的;他自己是公义的,却又是困苦的。

在第二轮对话中,他们在竭力守住第一轮对话中所持立场的同时,宣称受苦的是恶人,从而缩小了适用范围。约伯又根据自己的经验回答说,义人也受苦。而且,他由观察得知,恶人并不总是受苦。

在第三轮对话中,他们老调重弹,言外之意是说约伯犯了罪,所以受苦。在这种情况下,约伯严正声明自己是无辜的。

### (1) 第一轮对话

本轮对话中,三个朋友各自对约伯讲话,并得到他的回答。他们提出了一个一般性观点,即上帝是公义的,使义人兴盛,恶人遭报。本乐章使用的方法很明显:以利法在讲话中宣告这一原则,比勒达举例证明,琐法则加以应用。

#### A. 以利法

以利法的发言分为三个部分:开场白;对理念的阐述;以及他给约伯的建议。

##### a. 开场白

在听以利法讲话之前,最好重新回忆一下约伯此时的处境。经历了一连串的灾难之后,他成了一个穷光蛋,失去了孩子,身体垮了,心中充满了困惑。黑暗中的一线光明,就是朋友们的到来,以及他们长时间的、同情的沉默。这沉默给了他一个倾诉苦衷的机会。到目前为止,他认为没什么可做的,也没什么好说的了。他在深深的孤寂中等待着。

　　以利法谦和有礼,但缺少温度。他显然意识到了任务的艰巨和敏感,所以才以提问的形式开了口,话中略带歉意。不过,紧接着他又提了另一个问题,实际上是在宣布不可能保持沉默了。然后他承认,对约伯的失败表现感到惊讶:这么一个在苦难时刻教导、坚固、扶助、鼓励别人的人,在自己的灾难中却软弱、怯懦。他劝约伯以敬畏上帝为他的倚靠,以行为纯正作他的盼望。请注意,这个劝告是以疑问形式出现的,暗示着缺乏信心表明对上帝的敬畏是失败的,而缺少盼望则表明缺乏正直。事实上,这就是他现在要详加阐述的观点。在他的开场白中,只提到了这一点。

　　b. 阐述理念

　　以利法简明扼要地阐述并举例说明了他的理念,这句话是用疑问形式表达的。换作肯定语气,可以这么说:灭亡的人并非无辜;正直人永远不会被剪除。然后,他举例证明这一观点的正确性,并说这是他观察的结果,从而增加说服力。苦难是上帝对邪恶的惩罚,种什么收什么。他把凶狠的狮子比作邪恶的象征,从而肯定自己的信念:上帝对这些人的审判是不可避免的。对以利法来说,不是由罪造成的痛苦是不可想象的,而这正是他的哲学的本质。

　　以利法随后岔开话,为的是讲述他的一次属灵经历。我们不妨先来探究一下,然后再问为什么他会在这里提到这样一件事呢?

　　这是关于一个夜间异象的故事。他使用的"沉睡"一词,在《旧约》中只有另外三个例子,每一个都与上帝的异象或奇妙的工作有关。他接着述说了他在此情景中的经历。他先是觉察到一个存在,他称之为"灵"或"气息"。他感知到一个影像,却无法形容那个存在的外观。他被这个异象吓坏了,听到了一个声音。以利法对约伯说这话的最主要目的,就是要告诉他这个声音说了些什么。他揭开自己最深刻的属灵经历,好让约伯相信他的诚实,相信他对自己理念的正确性的确信无疑。不多赘言,那个神秘存在使他整个人充满了恐惧。传达的重大信息是关于上帝的圣洁,以及人的罪恶和失败。

　　这就解释了以利法为什么把异象和声音告诉约伯。不过,很可能他从他朋友脸上看到的，是对这种见解的不满，尽管他对自己的理念作了说明，实际上也由此产生了这种结果。约伯对他的观点不屑一顾。约伯坐在那里，痛苦不堪，但他的态度却显示出他为人正直，决心不顾别人的非议，维护自己的人格。为了对付这种态度，以利法谈到了那次属灵经历，而正是通过这种经历，他意识到了罪。

接着，以利法问约伯，诸圣者之中，他将呼求哪一位呢？换句话说，是问约伯要反对他所说的真理，还是在这真理的亮光中为自己辩解呢？他承认看到过愚妄人的亨通，但断言他们终将没落。他对他们凄凉下场的描写，与约伯本人近来的经历恰好相合。在这里，我们不得不相信，以利法说这些话的时候在看着约伯，并且把他所看到的忿怒和烦恼，与他在夜间异象中所听到的联系起来。约伯变得烦躁起来，以利法把这种烦躁归咎于他的愚昧。约伯所表现出来的明显罪行、恼怒、戒备，构成了必然导致最终灭亡的罪。

于是，以利法把他对苦难意义的尝试性解释升华为谚语：

"祸患，原不是从土中出来；患难，也不是从地里发生。
人生在世必遇患难，如同火星飞腾。"

祸患和患难皆有根源。当以利法说"人生在世必遇患难，如同火星飞腾"时，他并不是说，人肯定会遭遇患难，如同火星必然上腾一样，因为事实上火星并不总是向上飞腾。他想要说的是，凡有火花的地方，都显明有火的事实。人们看见人遭受患难，就可以知道事出有因。火星上扬显出火来，人的患难显出罪来，也是如此。

### c. 给出的建议

以利法最后给了约伯建议，告诉他在类似情况下自己会怎么做。他会把自己的案子完全交给上帝。紧随其后的一段话文笔优美，他用这样的措辞论及至高者的信实和大能，好显明他是一个虔诚和认真的人，他自己也有与上帝相交的实际生活经验。

他的第二个建议是敦促约伯顺服上主的责罚。为了说服他的朋友这样做,他描述了如果他信靠上帝,将会得到的信心、终极的拯救和复兴。

就这样,以利法以体谅、礼貌的态度宣告了他的理念。他确信约伯的不幸是他自身的原因造成的,因此力劝约伯把他的情况交给上帝,把苦难当成是上帝的责罚。这通常是对的,但却是短视的。他既对属灵世界的劝慰缺乏认识,也不知道那个人的尊严有多大,以致上帝在人类历史上将使用他的生命解答某个重要问题。以利法错在企图把万事纳入他的哲学范畴之内,而忘记了一个事实:"天地间有更多的东西,比你的哲学所能想象的还要多。"

B. 约伯的回答(六 1～七 21)
　a. 他对指责的答复(六 1～13)
　　(a) 承认和解释
　　(b) 举例辩解
　　(c) 渴望死亡及理由
　b. 他对朋友们的答复(六 14～30)
　　(a) 讽刺
　　　　期待
　　　　失望
　　(b) 责备
　　(c) 对明确性的要求
　　　　恳求
　　　　愚蠢的方法
　　　　表达他的忿怒
　　　　对正义的热切呼求
　c. 他向耶和华诉苦(七 1～21)
　　(a) 生命的悲哀(七 1～10)
　　　　恶劣的条件
　　　　被迫操劳
　　　　在劫难逃

> 　　　人生苦短
> 　　　　无望飞逝
> 　　　　去而不返
> 　（b）向上帝哀告（七 11～21）
> 　　　　决心
> 　　　三重呼求
> 　　　　因为他的无害
> 　　　　因为他的渺小
> 　　　　有罪的假定

## B. 约伯的回答

对以利法的这番话，约伯分三段进行回答。首先，是对指责的一般答复；其次，是对他朋友的回答，埋怨这位朋友和同伴们破坏友谊；最后，是一首哀歌，夹杂在对上帝的抱怨当中，他不明白上帝为何这样对待他。

### a. 他对指责的答复

约伯对指控的回应是抗议以利法的方法。事实上，他并没有理会以利法的话外有音，而是回应他公然责备自己在哀歌中表现出的无理性和愚昧。以利法用了莫名其妙的词语来定罪。约伯说，以利法根本无法理解这哭声，因为他不了解其中的痛苦。约伯承认自己心烦意乱，但要求把烦躁和灾祸相对考虑，公平衡量。果真如此考量的话，就会发现灾难太深重了，就算他的言语急躁也情有可原。上帝对他的态度问题，是他遭受的一切苦难中最可怕的事。

这一立场得到了实证支持。动物不会无缘无故叫唤，哀号总是匮乏的证据。野驴有草不叫，牛有料不吼，他所处的境况好比寡淡可厌的食物。

他再次悲从中来，叹口气希望去死，因为他感到不堪重负。他为自己的愿望辩解，宣称死亡不会受良心谴责的困扰。他为什么要忍耐呢？他的气力不是石头的气力，他的肉身也非铜铸。

### b. 他对朋友的答复

约伯在痛苦引起的悲愤中继续回答，因为相信所受的苦使他的抱怨有理，就用尖酸刻薄的话怪罪朋友们。他曾期许朋友们仁慈以待，但却失望了。即便灾祸是道德失丧的结果，患难中的善意是对友情的证明。在祸患的日子里，朋友们背叛了他。他以旱溪为例，淋漓尽致地表达了这种失望。炎热来临，溪水蒸发干涸，使旅人无法恢复精神。这画面，似乎不仅提到以利法的态度，而且提到了以利法那种相当残忍的态度。想当年，他称朋友们为"我的兄弟"，把他们当成危难中可以求助的小溪，现在却徒然发现，他们在他极其需要恢复精神之时，令人大失所望。在极度失望中，他说：

"现在你们正是这样；
看见惊吓的事便惧怕。"

讽刺变成了怪罪，他认为他们的残酷愈发显明，因为他并没有向他们索要礼物，要求拯救或救赎。他们既然空手而来，无所助益就越发令人失望。

最后，这种怪罪演变成一种强烈要求，要求对他的指责应当明明白白，而不是泛泛而论、含沙射影。约伯恳求他们让他明白错在哪里，对他们用愚蠢的方式责备一个绝望之人的言论表示不满。这正是以利法所做的。他的全部指责都是出于那种一边听约伯哀伤叹息，一边审视他的心态。

约伯瞧不起他们，并对他们发火，说他们为孤儿拈阄，出卖朋友。他对朋友们说了最后几句话，急切地恳求他们公平以待。

对那些在别人的痛苦面前高谈阔论的人，约伯的不耐烦里有一种尊严。如果对这个苦命人缺乏深切的同情心，是难以明白这一点的。

c. 他向耶和华诉苦

不等他们回答，约伯就再次发出哀歌，越发愁苦。绝望的感觉更深，勇气更大。这可以解释为，这是出于一个由于朋友的误解而越发悲伤的心。的确，这哀叹强有力地再次抗议以利法的公开责备，说他的抱怨愚不可及。这首哀歌有两个乐章：首先，抱怨生活的压力和艰辛；其次，直接向上帝申诉。

关于人生的困苦，他刻画了生活条件的艰辛，被逼无奈的辛苦劳作。事实上，这是一场战争。人如雇工、奴仆，他的操劳一无所获。他经历的是无尽的痛苦，连歇息时也辗转反侧，唯觉长夜漫漫，何其难熬。他提到自己罹患的可怕疾病，证明所描述的是切身体会。

没有什么能令人满足，因为一切不过是过眼云烟。约伯一个接一个地堆砌事实来强调这一点：织布的梭子，风，眼光流转，消失的云。以这样的人生观来看，人生绝对没有指望。

于是，他开始大倒苦水，不仅针对生活的困苦，还直接针对上帝。他执意如此抱怨："我不禁止我口……我要发出言语……我要吐露哀情。"他以他的无害和渺小为由，为自己的苦难叫屈。他认为，即便他确实犯过什么罪，也罪不至此。第一，他问自己是否是大鱼；第二，他说自己的日子都是虚空。第三，他说即便自己犯过罪，也并没有危害上帝。

当他哭喊着对上帝说"你任凭我吧"，并质问为什么时时刻刻试炼他时，显示出在他患难的日子里，上帝的形象有多么模糊！如果不曾经历同样深切的悲伤，没人能理解这样的呐喊和哭诉。那些想要批评约伯的态度的人，应该记住上帝的忍耐和等待，知道抱怨背后有不可动摇的信心，尽管有那么一阵儿，从黑暗中刮起的怀疑的飓风席卷而过。

可以看出，在回应朋友们同情的缄默而发出的哀叹中，约伯对自己人格的尊严、与上帝的关系，以及上帝掌管善恶的认识，有所动摇。

在对以利法的回答中，第一点完全迷失了——生命毫无价值；第二点是个尖锐的问题，他无法理解自己与上帝的关系；第三点，似乎在理智上仍接受，却把它视为暴政而反对它。这一切都是因为他对上帝的认识有限，而记住这一点，将有助于解释该卷书最后几个乐章中上帝对他所用的方法。

C. 比勒达(八 1～22)

原则的举例说明

a. 上帝绝不会不公正(八 1～7)

（a）挑战

（b）应用

天亡孩童的意义

神圣沉默的意义

b. 恶人总会受到惩罚(八 8～19)

（a）提议考问前代

（b）追念列祖的见证

不敬虔之人的无定

虚假信心的无用

c. 阐明的原则(八 20)

d. 约伯的盼望(八 21～22)

## C. 比勒达

比勒达与以利法的理念一致。他的话比他的朋友要直接得多，相比之下，欠缺礼貌却更为有力。他似乎忽略了约伯对朋友们的攻击。约伯对以利法的回答所得出的结论是：上帝对他不公正。比勒达的发言反对这一结论，并举例证明以利法所宣告的原则。

他用一连串的问题，强烈地表达了他对上帝可能不公正这一想法的抗议，并接着直接加以应用，假定约伯儿女之死是出于他们的过犯。他认为，上帝的沉默和约伯所遭遇的一切灾祸，都是由于约伯自己缺乏纯洁和正直。比勒达的基本信念是上帝绝对不会不公正，这一点完全正确。不过，这一说法并没有给约伯带来什么安慰，因为对他来说，他的良心完全不受这些指责的影响。逻辑顺序似乎无可挑剔：上帝从来不会不公正；苦难是罪的结果；约伯受苦，所以约伯犯了罪。事实上，约伯是一个完全正直的人；约伯遭了难。因此，对约伯来说，比勒达的观点并未给他带来慰藉，反而使问题恶化了。

在第二乐章中,比勒达想要通过一个论点来强调他的观点,这个论点可以简要概括为:"恶人总会受到惩罚。"他建议约伯考问前代,追念列祖的见证。接着,他自己开始了那样的考证。很可能紧接其后的段落(第十一至十九节)出自于先祖的著作,约伯对这些应该全都很熟悉。这段经文可以分为两部分。

第一部分,宣告了不敬虔之人的不稳定性。正如蒲草没有泥不能生长,芦荻没有水不能生发,人没有上帝也不能成功。蒲草或芦荻的快速枯萎,表明缺乏对生长至关重要的东西。所以,人的祸患也是凭据,证明他忘记了上帝。

第二部分,宣告了虚假信心的无用。除上帝以外,人所倚靠的都不足以使他安稳。

通过引文提出这一论点之后,比勒达马上总结了他刚刚举例说明的两个事实,并一言以蔽之:第一,上帝绝不会不公正;第二,恶人总会受到惩罚——

"神必不丢弃完全人,也不扶助邪恶人。"

这段发言的结尾,论到了约伯的盼望。

因此,比勒达的发言,显然与以利法观点相同:即上帝是公义的,使义人发旺,使恶人遭报。这里没有针对约伯,但让他自己对号入座。不过,在提到他儿女的死和他本人的苦难时,相比以利法,比勒达的方式更接近于正面指责。

D. 约伯的回答(九 1~十 22)
a. 他对比勒达的回答(九 1~35)
(a) 他承认(九 2a)
(b) 他的重大问题(九 2b, 3)
(c) 他的论点(九 4~35)
耶和华

```
            他的智慧
            他的力量
                地震
                风暴和日食
                天空和海洋
                星系
            他的无形
            他的无敌
          约伯
            他的绝望
                逆势而行
                对抗宇宙的不公
            他的无助
                对抗上帝
                没有仲裁人
    b. 他对上帝的哀求（十 1～22）
        （a）他的问题（十 1～17）
                上帝喜悦他所作的吗？
                上帝的眼光错了吗？
                上帝怕约伯逃出他的手掌吗？
                上帝造了他，为什么他要毁灭他？
        （b）他的哀求（十 18～22）
                抗议存在和保全
                得以喘息
```

## D. 约伯的回答

约伯的回答分为两部分。第一部分是对比勒达的回答；第二部分是对上帝的哀求。

a. 他对比勒达的回答

在回答比勒达时，约伯首先承认这个一般性原则是正确的。然后，用一个提问揭示了他的问题。接着，根据自己的苦难来探讨它。

（a）他承认
他承认说：

"我真知道是这样。"

他这么说，完全有可能是指下面这句话所包含的概括性原则和结论性陈述：

"神必不丢弃完全人，也不扶助邪恶人。"

约伯对上帝完全正直的观点没有异议。他的困难在另一方面，在陈述他的难题时，他把困难是什么说得一清二楚。

（b）他的重大问题
他承认有对上帝的认识，并问道：

"人在神面前怎能成为义呢？"

尽管这一节经常被引用，但最重要的是我们必须认识到，这并非约伯对负罪感的表白。出现争议的全部原因在于，约伯本着完全、正直，拒绝作这样的供认，因为他没有就此定自己有罪。这个问题的真正意思是说，一个人怎样在与上帝的争辩中证明自己的义呢？约伯只是被上帝的伟大征服，他说，即使一个人想要与上帝争讼，这官司也是不对等的，因为上帝所能问的，人连其中千分之一也不能回答。

当我们继续考虑约伯对这一立场所作的辩白时，就会发现，他自己由于清白无辜而无法理解他的患难，而此时的难处在于，他认为与上帝争辩他的案子是徒劳的。

（c）他的论点

此后，约伯强调了这个重大的问题，并且语出惊人。其中，在第一乐章中，他述说了耶和华的智慧和伟大；在第二乐章中，他表达了自己的绝望和无助。

人与上帝相争不过是枉然，因为上帝的心里有智慧且大有能力。他提出问题：

"谁向神刚硬而得亨通呢？"

这并不意味着无力反叛，而是说争辩很愚蠢。

于是，约伯用一段铿锵有力的话述说上帝的大能。在内心的愁苦中，他意识到那是一种可畏的、势不可挡的力量，在其面前，万物都不得不屈服。他以地震、风暴、日食、天空和海洋的奇观，乃至整个星系为例，加以说明。

有意思的是，我们注意到，约伯在谈到上帝的力量时所用的一些例子，正是上帝自己后来在他伟大的显现中也用到的。不过，此时此刻，对上帝力量的认识并没有给他带来安慰，反而使他心里充满了惊惶，因为他看到的是这力量与自己的软弱形成了对比，而不是可与之合作。

此外，上帝是无形的。他的存在是个令人敬畏的事实，但却既不可见，也不可知。

是的，他又是不可战胜的。对抗这种力量毫无胜算，因此，任何人想要成为公正的，也就是说，在生活问题上与他争辩，是没什么用的。

约伯仍在讨论这个难题，他不再默想耶和华的至大，转而考虑自己的处境。他的绝望立刻溢于言表，即使有接近上帝的权利，他也不敢用。说这话的时候，他假定自己是个罪人，姑且承认了他的朋友们试图强迫他接受的结论。但他说，就算他是义人，他也不能回答。他甚至肯定地说，若他呼求，上帝应允他，他仍不相信上帝真听他的声音。他认为没什么胜算。他不相信上帝会对他有耐心，而他在上帝面前自证清白的努力只会招来定罪。

之后，约伯忽然肯定了自己的无辜。于是，当他说，"完全人和恶人他都灭绝"的时候，就否认了以利法和比勒达的理念。世间法则的所有不公正是无法避免的，他毫不犹豫地把宇宙说成是存在于不公正的条件下。他的言外之意，确实是把这一切归咎于上帝，而他也反过来仿佛从朋友们的脸上，看到了对这一点的承认，他问道，"若不是他是谁呢？"可以肯定地说，约伯此时跌入了谷底。至少有一段时间，他表现得像一个与上帝交战的人。不过，在随后的辩论中，他会失声痛哭，表明他所遭受的剧烈痛苦，而从内心深处发出声声呐喊，彰显了他信心中更深沉、更美好的东西。

他的绝望是由于他暂时失去了对上帝的正确认识，因而倍感无助。他虚度着时光。若是他想要爬起来，决心振作起来，他仍会对那些不幸心有余悸，因为他深信无法在上帝面前自证清白。

他回答比勒达的最后一句话，与他对这个难题的说明密切相关。因为上帝非人，所以人不能在上帝面前称义。因而，人至少无法在自己满意的程度上，在上帝面前陈明案情。约伯在痛苦不安中，一语道破了全人类的终极需要，"我们中间没有听讼的人，可以向我们两造按手。"

这位困苦人从自身的深切需要所发出的呼唤充满了力量，因为道成肉身的仲裁人能按手在上帝和人类身上。

### b. 他对上帝的哀求

此时，对比勒达的回答变成了对上帝的哀求。这本身就是这个人对上帝信心的内在力量的显著表现。尽管他说过不可能在上帝面前称义，也不可能在他面前为自己说理，但他还是去做了。我们不得不相信，他对上帝的信心和认识，比他自己知道的更大。约伯不再回答比勒达，而是像在至高者面前一样，吐露他的痛苦。他铁下心这么做，正如三次重复"我会"所证明的那样。这种哀求看似没什么指望，

但仍不失为一种求告。理智上,他相信想要与上帝争辩毫无用处,但他的意志不愿成为理性观念的奴隶,就回应了他内心的灵感:

"我必由着自己述说我的哀情；
因心里苦恼,我要说话。
我要对神说。"

（a）他的问题

他既然下定了决心,就用一连串的问题倾诉心怀。他问上帝为什么要与他争辩？上帝是否喜悦他所作的？难道上帝的眼光和人的一样有缺陷,以致看不真切吗？难道上帝的年月也短少,以致他担心约伯会逃出他的手掌吗？他在最后一个问题上喋喋不休。上帝创造了他,为什么要毁灭他？他对这种想法详细讲述,述说了他的被造,并认识到上帝过去待他有恩；然后是他所经历的可怕的患难,以及自己无力为自己辩白。

这些疑问伴随着痛苦的悸动,对于讲述痛苦的故事再有力不过了。场面颇为壮观,这是一个受击打、被破碎、伤痕累累的人,不知道生活中何处偏离了正道。他被上帝与他的苦难的关系,压得喘不过气来。他理智上相信无力为自己的案子诉冤,却又在上帝面前毫无保留地和盘托出。他没有赞美可言,也没有颂歌可唱。尽管不相信自己能胜诉,他还是得到一个避难所。那就是哀求,他向上帝哀求。

（b）他的哀求

基于这些疑问和苦情,他向上帝哀求。他抗议自己的存在和保全,恳求上帝放任他片时,好让他在死前稍作喘息。从对死亡阴郁的描写中,他深切的痛苦清晰可见。在之前,他曾经把死亡看成是终享安息之地,但如今,死亡让他感到恐惧。那是一个黑暗国度,漆黑、混乱。在从生活让人压抑的痛苦中迈进死亡的黑暗无序之时,他最渴望的是得到少许喘息。

如果我们在思想约伯的时候,想要批评他,就应该记住,在整卷书中，上帝并没有责备他的仆人。他指着上帝所说的话是可畏的，但他是诚实的，没有掩饰和虚伪。

E. 琐法（十一 1～20）
　原则的应用
　　a. 初步的责备（十一 2～6）
　　　（a）"多嘴多舌的人"
　　　（b）"你说"
　　　（c）"上帝追讨得少……"
　　b. 测不透的上帝（十一 7～12）
　　　（a）深不可测
　　　（b）无所不在
　　　（c）有管理
　　c. 人类的复兴之路（十一 13～19）
　　d. 最后的警告（十一 20）

### E. 琐法

　约伯停下来，三个朋友中的最后一个——琐法回答了他。他说话较比勒达更为直率。的确，他的话生硬且直白，而以利法和比勒达不是这样。这可能是因为琐法是个性情完全不同的人，也可能是因为约伯现在更加明确和大胆了，他肯定了自己的清白，从而否定了朋友们的道理。他的发言包括：严厉而直接的指责；用一段文采飞扬的话述说上帝的无法测度；指明复兴之路以及最后的警告。

#### a. 初步的责备

　首先，他把约伯称为一个"多嘴多舌"的人，或者更确切地说，"空谈的人"，确认了有必要回答"这许多的言语"。这个对约伯直白得近乎粗鲁的说法，显示了琐法对他所说的一切不屑一顾。他说，约伯"夸大的话"让他的朋友们不能再闭口不言了。

他是这样指责他的："你说，我的道理纯全，我在你眼前洁净。"虽然这些话在已记录下来的约伯的发言中找不到，但其内涵却可以在他对比勒达的回答中找到，"我本完全"。在约伯向上帝的哀求中，也可以找到："你知道我没有罪恶。"

于是，他表示希望上帝向约伯启示智慧的奥秘，并确信如果他这样做了，约伯就会发现他所有的苦难比他的罪孽所当得的要少。

### b. 测不透的上帝

约伯肯定了上帝的智慧，不过，琐法显然认为他的整个论点都在质疑这一点。因此，在整卷书文采最为卓著的一段经文中，琐法重申了上帝的智慧，并宣布上帝对人的全知。他所描述的这智慧深不可测，所以没有人能完全识透；而且，这智慧无处不在，充满整个受造界，琐法把它说成是以天堂和阴间为边界的。此外，这种智慧是与上帝的治理相关的，因为审判是基于知识的。

### c. 人类的复兴之路

于是，琐法宣布，罪人的复兴之路就是除去罪孽，藉此他就能脱离苦难，得享安息。

### d. 最后的警告

最后一句话是一个警告，与前一段充满希望的语气完全相反。

实际上，整个发言是对以利法与比勒达的同一理念的复述。琐法还是从约伯的苦难来论证他的罪。不过，他的观点相比其他人而言，里面多了一份温和的体恤，因为他虽坚持同样的基本观点，但的确承认约伯可能没有意识到自己的罪。但他说，罪肯定是存在的，约伯应该倚靠上帝的智慧，因为上帝看得更清楚。琐法说了迄今为止最难听的话，他说，如果约伯知道自己的罪，就会发现他当受的苦比所受的更重。虽说他的态度生硬，但他对约伯的心愿和期待却显而易见，因为他对约伯把心归正后将重新兴盛的描述，比以利法或比勒达的篇幅更长，更优美和形象。

F. 约伯的回答(十二 1～十四 22)

  a. 对朋友们的斥责(十二 1～25)

    （a）斥责(十二 1～6)

        挖苦

        斥责

        蔑视

    （b）关于知识的主张(十二 7～25)

        显而易见的上帝

          在自然中

          在经验里

        一直做工的上帝

          自然界

          显赫之人

          邦国

  b. 对他自己的一种决心(十三 1～22)

    （a）他向上帝申诉的意图(十三 1～3)

    （b）他对朋友们的警告(十三 4～12)

        他谴责他们

        他控诉他们

        他驳斥他们的论点

    （c）他为申诉所作的准备(十三 13～22)

        他的决心

        他的信心

        条件

  c. 向上帝的申诉(十三 23～十四 22)

    （a）我的罪过是什么？(十三 23～28)

        要求

        述说上帝的方式

    （b）人生苦短(十四 1～6)

> （c）人类无尽的结局(十四 7～12)
> （d）插入语和有希望的问题(十四 13～15)
> （e）对立的现状(十四 16～22)

### F. 约伯的回答

在第一轮发言中,约伯最后的回答是针对整个论点的,而不是针对琐法的应用。他竭力否认自己的罪行,所以,从头到尾都是话里带刺。发言分为三个部分:第一部分,是对朋友们的斥责;第二部分,肯定了他个人的决心;最后一部分,直接向上帝申诉。

#### a. 对朋友们的斥责

在第一乐章中,约伯对三人试图对上帝作出的解释深恶痛绝,声称他比他们更认识上帝。这又分为两个部分,第一部分,斥责他们;第二部分,表明他对上帝的认识。

#### （a）斥责

他一开口,就对他们极其蔑视。他刻薄地挖苦说:

"你们真是子民哪,你们死亡,智慧也就灭没了。"

他又说他也有聪明,丝毫不比他们差。他指出,他们所说的都是人尽皆知的常理。他一边说他们蔑视自己,一边证明他对他们的蔑视。他指责他们拿自己当笑柄,而实际上他素常与上帝相交,品格公义。

#### （b）关于知识的主张

接着,约伯也谈论起他们所强调的有关上帝的事,说他们所夸耀的知识是不言而喻的。野兽、空中的飞禽、大地和鱼类,都知道这些事并能教导人。一切皆是上帝的作为,也由他在维持着,这是最简单的知识。此外,这位上帝显然活跃在宇宙中,他的智慧毋庸置疑。

约伯用一段铿锵有力的话，描述了上帝在自然界中的工作。上帝也满有能力和智慧，他在世上的伟人、谋士和审判官，以及君王和王子之中，施行作为，从而使邦国兴亡交替、此消彼长。

到此为止，约伯尚未打算反驳他们对他的指责，或者证明他们的道理虚假。琐法所说的话，好像他们认识上帝比约伯更胜一筹，使他们确信约伯的苦难只能由罪来解释。约伯答复的第一个阶段，就是表示对他们的轻蔑，因为他也认识上帝，并且声称自己比他们更了解上帝。

### b. 对他自己的一种决心

约伯继续作答。他强烈意识到的，似乎已不再是这些人可鄙的态度，而是他们所有的论点对他个人的意义。在下一节中，他确认了向上帝申诉的决心。他先是表明了他的意图，然后又对朋友们说了一遍，最后，准备好提出申诉。

### （a）他向上帝申诉的意图

约伯总结了他所争辩的内容，说他的知识并不比他们差，他宣布不再求助于他们了，他要向上帝诉冤。

### （b）他对朋友们的警告

从朋友们对待他的态度来看，约伯对他们无比蔑视。他把他们说成是"编造谎言的"和"无用的医生"，从而使他们自食其果。他们曾说上帝是公义的，按照各人的行为鉴察人。他们替上帝说了不义的话，为上帝说了诡诈的话，他表示，他们这样做是在偏袒上帝，或者帮上帝的忙。

于是，他提醒他们，是否在乎上帝查出他们内心深处的动机，并说他们必须准备好接受上帝的审判。

他谴责他们的判断因偏袒上帝而扭曲了，他又说，上帝会亲自拒绝接受他们的辩护。

他驳斥了他们的论点，认为尽是些废话，"你们以为可记念的箴言，是炉灰的箴言。"

这里所说的"可记念的箴言",基本上可以肯定是指比勒达发言中引用的古人谚语,而这一切对他来说都不适用。他们所设立的上帝的防线,被他称作"淤泥的坚垒",意思是说,很容易毁坏,因此一钱不值。

(c) 他为申诉所作的准备

约伯吩咐他们不要作声,再别管他了,他宣布,无论结果如何,他都要说话。他认识到了这次冒险的艰难,却义无反顾,尤其是这样说:"他必杀我,我虽无指望,然而我在他面前还要辨明我所行的。"

同样,尽管我们熟悉这一段在钦定本圣经中的翻译以及对它的不断使用,毫无疑问,整个上下文都印证了这一变化。

在之前的发言中,他曾经说过,人不可能在上帝面前称义,也就是说,不可能在他面前为自己说理。如今,当他即将直抒胸臆,申诉冤情时,他意识到结果可能是自身的毁灭。可他的朋友们帮不上他的忙。于是,深陷困境中的他,决定孤注一掷,亲自面对上帝。

约伯斩钉截铁地说完这话以后,马上又说,他深信不敬虔的人是不蒙垂听的,这使他稍得安慰。然后,他再次转向朋友们,恳求他们听他讲话,使他说的可以入他们的耳。

他重申自己是无辜的,预备好在他要做的尝试中赴死。之后,在真正向上帝诉冤之前,他提出了两个条件:第一,求上帝从他身上收手,意思是,约伯像他以前曾经做过的那样,请求从苦难中得到喘息;第二,求上帝不让他威严的显现惊吓到他。若这些事情得到允准的话,他说,他已经准备好陈明案情。或者上帝呼唤,他愿回答;或者他先开口,由上帝作答。

c. 向上帝的申诉

做完这些铺垫,约伯开口直接向上帝诉冤。这里有五个不同的乐章。第一乐章,请求指明他的罪。第二乐章,述说人生的短暂,乞求怜悯。第三乐章,强调死亡的无限和无望。第四乐章是插入语,包含一个关于希望的好问题。第五乐章,急转直下,描写了他当前的悲惨处境。

（a）我的罪过是什么？

显然，朋友们对他的指责使他痛苦不堪。他从他们那里转向上帝，要求上帝向他显明他的罪到底是什么。他用甚为可怕的语言形容上帝加给他的无休止的磨难。他似乎顺带承认自己意识到了年轻时的不义，这显然表明，在他心里认为他如今承受的苦难远超这些不义所当受的惩罚。因此，他想知道他因犯了什么罪而受苦。

（b）人生苦短

然后，他似乎又换了一个更笼统的看法。人生苦短，且多有患难。他认为，这应该成为上帝怜悯他的理由，使他能在平静中度过这短暂的时光。在这里，他承认了人性的不洁，又问能不能从污秽之中带出洁净之物来。如果从这个意义上说，人生的短暂和痛苦是由罪造成的，那么，他恳求赦免，并主张应该允许人以雇工的身份结束他的生命。这一切都表明，约伯认为他的苦难远远超过了人类一般的苦难。

（c）人类无尽的结局

这些关于生命短暂的想法，自然引起了对生命终结的思考。但在那里，约伯却看不到一丝光明。他说，树有希望再次发芽，但他却看不到人的指望。人死在土中，不会像树木复苏。然而，即使在黑暗的前景中，也有一个不容忽视的断言和问题：

"他气绝，竟在何处呢？"

他在肉体层面上考虑着死亡，不像一棵树那样有盼望。然而，死亡意味着放弃灵魂，在这种想法面前，他只是不得而知——"他归于何处呢？"

（d）插入语和有希望的问题

对死亡的这种悲观看法，似乎在约伯的脑海中引发了一个奇异的猜想。他是否有可能被藏在阴间，在未知的阴魂世界里，直等到上帝的忿怒过去。如果有这种可能,尽管有死亡带来的肉体上的无盼望,但人应该活下来。他说,如果是这样,他愿意在一切困苦挣扎的日子里忍耐。这不过是一线光明,却璀璨夺目。在临近崩溃的关口,正当这个人除了决绝地哀求上帝之外,失去了所有精神依托的时刻,他对生命的另一种看法,像在异象中一般,在此燃烧起来。它一闪而过,但它的闪耀本身就是奇迹和荣耀。如果他知道这一点的话,那就是关于他自己和上帝的更深层次的真理的有力证明,甚至比他所夸耀的对上帝的认识还要深刻。

（e）对立的现状

不过是一线亮光罢了,很快,对比鲜明的黑暗重新笼罩了那人的前景。在他看来,上帝仍在鉴察他,却不肯向他明说那罪,也就是朋友们确信导致他受苦的那罪。根基似乎被摧毁了,希望也随之破灭。整个回答以失望的哀号和绝望的恸哭结束。

至此,约伯和他朋友们之间第一轮的争论就结束了。在这个过程中,这些人以不同的侧重点提出了一个普遍道理,就是上帝是公义的,他赏善罚恶。他们让约伯自己去做个人性的应用,却没有给他留下从他们的理念所暗示的适用性上逃脱的余地。他们认为,他所受的苦是他的罪的后果,灭顶之灾接踵而至,是因为他顽固地拒绝承认罪并弃绝罪。

约伯的每次回答,都是用与论点对立的事实来反驳这一理念。他一再声明自己并非恶人,而是公义的,但他却遭了难。他没有提出任何解决办法。确实,这个问题给他带来了极大的痛苦。在拒不接受他们的解释的同时,他为拿不出可以取而代之的解释而烦躁。最后,在绝望中,他从朋友们那里转向上帝,恳求解释这一切。

（2）第二轮发言（十五 1～廿一 34）

　　A. 以利法（十五 1～35）

　　　　a. 对约伯的严厉斥责（十五 1～16）

　　　　（a）批评他的态度

> 　　　　言之无据
> 　　　　出言不恭
> 　　（b）批评他自诩智慧
> 　　　　反唇相讥
> 　　　　上帝的安慰
> 　　（c）批评他对上帝的态度
> 　　　　人岂敢跟上帝作对
> 　　　　上帝的圣洁
> 　b. 真理的新说法（十五 17～35）
> 　　（a）他的观点陈旧
> 　　（b）恶有恶报
> 　　　　恶人的劬劳与惊惶
> 　　　　原因
> 　　　　惩罚
> 　　　　　举例说明
> 　　　　　一般说法

## （2）第二轮发言

在本轮发言中，三位朋友再次对约伯讲话，并得到了他的答复。他们不过是老调重弹，但这一次强调的范围更窄，意图更明显。三次发言，都以不同形式断言受苦的是恶人。

### A. 以利法

以利法的发言分为两部分：第一部分是对约伯的严厉斥责；第二部分是有关真理的新说法。

#### a. 对约伯的严厉斥责

显然，约伯的回答伤了以利法的心。他对约伯的嘲讽感到不满，对他的自以为义更是愤愤不平。他的斥责有三方面的内容，包括对他态度的批评,对他自诩智慧的批评,以及批评他对上帝的态度。

（a）批评他的态度

以利法指责约伯用空虚的言语作论据,自然也就断言,他并未对朋友们的观点作出令人满意的答复。他实际上肯定了想要用修辞来推理是没用的。

不过,比起他胆大妄为,在上帝面前有失敬畏,这倒算不上是他态度上的主要过失了。在这一点上,他前所未有地直指约伯有罪,说他这种铺张词藻的方法和缺乏敬畏的态度是由罪而生的。

（b）批评他自诩智慧

在批评约伯自诩有智慧时,以利法采用了约伯的方式,反唇相讥。比较约伯回答琐法的开场白和以利法此时所说的话,就会一目了然。约伯回答琐法和第一轮发言的全部论点时曾说:

"你们真是子民哪！你们死亡,智慧也就灭没了。"

现在,以利法说:

"你岂是头一个被生的人吗？你受造在诸山之先吗？"

这些暗指他和朋友们是智慧的唯一受托者的话,刺痛了以利法,他讽刺地问道,智慧是否来源于约伯的意识,他又是否垄断了智慧的奥秘呢。从这句话所在段落的结尾部分的个人口吻中,可以明显看出,这就是他出言相讥的原因。接着,他推测说,他和朋友们给约伯带来了上帝的安慰,而约伯却认为对他来说无足挂齿。

（c）批评他对上帝的态度

最后,当以利法回来更充分地处理约伯对上帝的态度时,极为严厉地批评了他,之前他曾提到过这一点。他问约伯,既然人本不洁,他怎敢使他的灵反对上帝呢？关于人的不洁本性，以利法说：

> "人是什么，竟算为洁净呢？妇人所生的是什么，竟算为义呢？"

这很可能是指向约伯在向上帝大声疾呼时，曾经承认："谁能使洁净之物出于污秽之中呢？没有人能。"

尽管这样承认，但约伯说过的话，证明了他的态度是和上帝对立的。以利法通过宣告上帝的圣洁，强调了人的不洁这一思想。他肯定上帝的圣洁超凡脱俗，无以伦比。

在那圣洁的异象中，上帝"不信靠他的众圣者"，他天然如此纯净，以至于在上帝看来，连诸天都是不洁净的。他突然降到形容人的污秽可憎。他如此措辞，以致于可能被认为是泛泛而论，但毫无疑问，以利法意在让约伯自己对号入座。

### b. 真理的新说法

如此这般回应了约伯的态度之后，以利法复述了他所理解的真理，从而表明了他对约伯受苦的意义的看法。首先，他以古喻今，证明其观点的准确性。然后，他开始详细阐述他的信念：即受苦的是恶人。

### （a）他的观点陈旧

现在，以利法要求约伯听他的话，他要述说所看见的。在插入语里，他肯定了自己所要说的话与列祖的见证完全一致，而约伯对这些见证嗤之以鼻，称之为"炉灰的箴言"。

### （b）恶有恶报

这首先是作为事实说出来的，叙述了恶人的艰辛和惊惶。恶人的操劳成了毁灭者的掠物，心中常有惊吓；他终日怕死，所走的是急难困苦的路。

接下来，以利法提出，恶人遭遇这一切的原因是因为背叛上帝，因而胆大妄为，一意孤行。这些话，除了不能准确地描述约伯的经历之外，倒是对如此叛逆上帝之人的蠢不可及作了精彩绝伦的描写：

"他挺着颈项,用盾牌的厚凸面向全能者直闯。"

这句话多么生动地刻画了那种企图与上帝争战的疯狂啊!

最后,以利法宣布了对这种恶行的惩罚,他先是举了一连串的例子来说明罪的丧心病狂。恶人永远达不成自己野心的目标。死亡之手临到万物,没有什么是完满的。

从实例出发,他最后用一个普遍性说法,宣告了同样的真理。

只有当我们注意到以利法所说的对恶人的惩罚,正是对约伯所处状况的确切描述时,才能明白这段话绵里藏针。

以利法的这次发言与之前的发言相比,语气有很大的变化。前一次谦和有礼,而这一次直言不讳,甚为无情。他完全从消极的一面来阐述他的人生哲学,约伯不可能误解他的意思。

---

B. 约伯的回答(十六 1~十七 16)

　a. 他对朋友们的蔑视(十六 1~5)

　　(a)他的抗议

　　(b)"我也可以……但我不会"

　b. 他对自己的愁苦的描绘(十六 6~17)

　　(a)说与不说都无济于事

　　(b)描述在对上帝说话和说他的话之间交替进行

　　(c)申明无罪

　c. 他的哀求(十六 18~十七 9)

　　(a)向大地

　　(b)他的希望

　　(c)向上帝申诉

　　　需求

　　　要求

　　　论点

　　　无罪的信心

> d. 他的绝望（十七 10～16）
> 　（a）虚假的承诺
> 　（b）事实

## B. 约伯的回答

约伯立即作答，但他的回答并没有像此前那样涉及到争论。读完这答复的全文，不可能留意不到：当他的周围还笼罩着黑暗，某种意义上内心的痛苦也在加剧时，他在可怕的压力下，正摸索着寻找光明，尽管此刻他的道路上几乎看不到一线光明。这段话分为四个部分：他对朋友的蔑视；他对自己的愁苦的描绘；他的哀求；他的绝望。

### a. 他对朋友们的蔑视

约伯一开口，就表现出对朋友们的不耐烦。以利法曾提到上帝的安慰。约伯说，他们给他带来的安慰不值一提。他们的说法并不新鲜。这样的事他听过许多。他们的喋喋不休让他不胜烦扰。有哪句话惹动了以利法的回答呢？约伯说，如果他们处在他的境况，他也可以像他们那样说话，但他声称他不会那样做。他宁愿试着坚固他们，消解他们的愁烦。这一批评是对那些鄙薄之人的绝妙讥讽，他们荣华在身却对处境惨淡的人落井下石。

### b. 他对自己的愁苦的描绘

大发轻蔑之词后，约伯再次吐露愁苦。他一开始就绝望地宣布，认为说与不说都不能使他的愁烦稍有消解。接着，他就从这样的立场来说明，深信这一切都是由上帝对待他的方式造成的。这种方式在约伯的描述中是冷酷无情的，而约伯的描述在直接对上帝说话和说关于上帝的话语之间交替进行。

他先是对上帝说，是他造成了他的痛苦。然后又说，人的好奇心和敌意又在他的伤口上撒了一把盐。接下来，他脱口而出的一番话，虽不是直接对上帝说的，却肯定了他对上帝所说的话真实无伪，那就是,他的所有苦难经历都是上帝治理和行动的结果。他讲完苦难,又重新肯定了他的清白。

讲述中,他发表了一个宣言,立即引起了人们的注意:

"我的敌人怒目看我。"

这里所用的词与译作撒但的不是同一个词,但它明确表示一个敌人。约伯是否如此理解,可能还有待商榷,但根据我们所知道的天上初步争议的情况,很有可能把本节解读为,仿佛他看到了仇敌的一些模糊轮廓。

在上一句之后,他紧接着说:

"神把我交给不敬虔的人。"

显然,他意识到有一股特定的力量在跟他作对,也知道所有敌对他的都在上帝的管辖之下。很可能他所说的事情,他并不完全明白。

### c. 他的哀求

约伯继续在困苦中哀求。他先是呼求大地不要掩盖他的不白之冤,他这样呼天抢地是因为他认为莫名其妙地受到了不公平的对待。在这一点上,值得注意的是,他的信心是如何战胜怀疑的。即便事已至此,在极度困惑不解中,他马上宣告,他知道他的见证人在天上。虽然他态度上在质疑上帝的治理,但朋友们的误解使他转向上帝。他唯一的希望是在上帝身上。他再次说出那些话,从道成肉身的角度看,是最让人赞叹的。他向上帝祈祷,希望上帝给他辩白的权利,如同向朋友辩白一样。

他身处困境,周围是讥诮他的人,没有人理解他,他早已成了民中的笑谈,在那些惊奇于他灾祸的人中,找不到明理的。

### d. 他的绝望

在难以言喻的黑暗中,他努力争取上帝的支持。如果今生无望,那就让它在某个地方出现吧。

　　在这个引人注目的回答中,我们不得不相信,约伯现在开始看到一些真理的轮廓了。当然,它还是晦暗不明的,不能立即带来安慰,但却显示出这个人过去的支撑点是对上帝的信仰,他在挣扎,但却不能完全摆脱那个支撑点。很明显,他相信上帝在他的痛苦中所起的作用。他还意识到有一个敌人无情地尾随着他,要像野兽一样冷酷地撕碎他。仇敌与上帝的活动,以某种他不明白的方式有关联。有时候,他似乎责怪上帝是他的敌人;而另外一些时候,他仿佛意识到在他和上帝之间有敌挡,是上帝同意把他交给那个对头的。不过,他内心深处知道他唯一的见证人、唯一的维护者一定是上帝。约伯最大的苦恼是上帝没有为他显现。他曾大声呼求,可是没有回音。他抱有一线希望,但并不笃定。他的最后一句是绝望之词。尽管此时他又恢复了对死亡的最初想法,但他从死亡中看不到解脱。死亡或许是安息。

　　在约伯对以利法的回答中,没有清晰的亮光。但不难相信,在以后的日子里,约伯会认识到,这些内心的挣扎和对神亲自辩护的热切盼望,本身就是黑暗中闪烁的亮光。

C. 比勒达(十八 1～21)

　　a. 初步的责备(十八 1～4)

　　　(a) 对朋友们的冒犯

　　　(b) 对道德秩序的侵犯企图

　　b. 恶人的报应(十八 5～20)

　　　(a) 起初的事:亮光熄灭

　　　　　灵性感知

　　　　　内外之光

　　　　　随之而来的跌倒

　　　(b) 迈向死亡

　　　　　危险

　　　　　惊惧

> 死亡
> （c）末后的事：从地上毁灭
> c. 应用(十八 21)

## C. 比勒达

比勒达这时又开始指责了,他用简短明确的发言,形象地描绘了恶人的报应。这个发言分为三部分：初步的责备；描绘恶人的报应；以及直接的应用。

### a. 初步的责备

正像以利法一样,比勒达说话时明显压着火。他因自己和朋友们所受的委屈而受伤。约伯回答以利法的时候,先是问他：

"虚空的言语有穷尽吗?"

此时,比勒达问道：

"你寻索言语要到几时呢? 你可以揣摩思想,然后我们就说话。"

于是就指责他不加思索地反驳他们所说的话,有失公平。他说约伯把朋友们比作畜牲,并视为污秽。

比勒达生气,更是因为约伯的冒犯威胁到了道德秩序,他提醒约伯,这种秩序牢不可破,不可能为了他而改变。

### b. 恶人的报应

此后,他立即投入到对恶人的报应的精心刻画中,意在强调以利法所持的一般性原则,即受惩罚的是恶人。

他首先宣布了恶人的初步经历。这一段描写惟妙惟肖,暗示了黑暗势不可挡及其必然的结果：他的光必灭尽,他的火焰也不照耀。

而后,他又换了一种方式重复了这句话,"他帐棚中的亮光要变为黑暗;他以上的灯也必熄灭。"

也就是说,恶行的结果是内在和外在之光的熄灭。前者用"恶人的亮光"一词来形容,并以"他帐篷中的亮光"作例子;后者用"他的火焰"和"他以上的灯"来形容。在所难免的结局是,他的脚步狭窄,自己的计谋使他绊倒。一个人如果缺乏清晰的内在和外在亮光,难免会失策。他虽步伐强壮,但步履维艰,他的判断错误,以致跌倒。

接着,比勒达描写了行走在黑暗中的人的死亡之路。这条道路充满了危险,一路上有"网罗""圈套""牢笼""羁绊""活扣""机关"。缺少了光明,怎能脱离路上的危险呢?

这种人经历的一定是恒久的惊吓。他被惊惶包围,恐惧接踵而至,避犹不及。在毁灭和死亡面前,在劫难逃。

就世界而言,他死后就灭绝了。他的住所毁坏,无人记念他,他被从世界赶出,后继无人,产业无人继承。

c. 应用

最后,比勒达肯定地说:

"不义之人的住处总是这样,此乃不认识神之人的地步。"

这个应用非常明显。他所描写的恶人的报应,从外在表现看,与约伯所有的遭遇如出一辙。而且,他说明这是不义之人和不认识上帝之人的境况。这就是对约伯的明确指控。

---

D. 约伯的回答(十九 1～29)

  a. 初步的斥责(十九 1～6)

    (a) 还要多久? ……我的罪归我

    (b) 如果你们愿意……要知道这是上帝所为

  b. 他可怜的处境(十九 7～22)

（a）遭天谴

（b）被人离弃

（c）对朋友的恳求

c. 一线光明（十九 23～27a）

　（a）诉诸未来的渴望

　（b）洗冤的把握

　　　遥远的中保

　　　个人的把握

d. 最后的警告（十九 28～29）

　（a）朋友们的决定

　（b）警告

## D. 约伯的回答

约伯对这个严厉指控的答复包括：初步的斥责；对他可怜处境的进一步描述；熠熠生辉的独白；以及对朋友们的警告。

### a. 初步的斥责

显然，约伯被比勒达的明确指控刺痛了，激愤地质问他们还要烦扰他多久，并提醒他们说，如果真如他们说的他犯了错，这错就归在他自己身上，因而拒绝承认他们有权干涉。但如果他们执意坚持下去，那么就请他们记住：他们所看到和从中大加臆测的一切苦难，都是上帝所为。

### b. 他可怜的处境

于是，约伯开始述说他苦不堪言的处境。他已经认识到，比勒达所说的恶人的境遇，正符合他的情况。他被人憎恨、厌弃。不过，在宣告他们在他身上所看到的一切苦难都是上帝的作为的同时，他通过重申事实，开始描述那些情况。他承受上帝加给的磨难，呼求帮助，上帝却不应允他。他慷慨陈词，述说上帝如何极其严酷地待他。

上帝所降的灾使他被人离弃。他的弟兄、相识、亲戚、密友、访客、女佣、仆人、他的妻子、他的同胞,甚至小孩子以及他所有的挚友都反对他。这份名单既可悲又可怕,显出这个人感到自己是何等孤独与凄凉。他既得不到上帝的回答,也得不到世人的怜悯。

他又连声恳求这几个人怜悯他。为什么他们觉得他身体上的痛苦还不够呢?为什么他们去做上帝已经做过,而且只有上帝才有权利做的事,来折磨他的内心呢?

### c.　一线光明

在黑暗的深处,又闪现了一道引人注目的亮光,在本卷书的研究中扣人心弦。约伯意识到在他的时代,他蒙了不白之冤,于是,他表达了一种渴望,希望自己的故事能够被写出来,以便诉诸未来。这一呼声毫无疑问地表明了这个人的基本信念:正义最终必胜。

于是,这种坚定的信念溢于言表,可以肯定,约伯自己并未意识到其中最深刻的价值。他的独白美不胜收,今天读到这些话的人,不能不把它们与道成肉身的恩典和荣耀联系在一起。当考虑它们在约伯经历中的地位时,这一点的价值绝不会因此而失去。我们有必要试着找出它们最原始、最单纯的意义。

首先,约伯肯定他的救赎主还活着。"救赎主"这个词必须理解为辩护人的意思。它是希伯来语"Goel"的翻译。在希伯来人的经济体系中,Goel 是至近的血亲,他的最终责任是,在所代表的那个人死后为之辩护。毫无疑问,约伯在这里指的是上帝。他已经表达了他的愿望,希望上帝能够维护人与他同在的权利。现在,他宣告了自己的信念:首先,在上帝那里,他有一个活着的至亲,一个辩护人,一位救赎主。

于是,他的信心更上一层楼,他说:

"我知道我的救赎主活着,末了必站立在地上。"

他"必站立"是作为见证人;"末了"的意思是指最后。"在地上"可能是表达"在尘土上"。约伯确信,在未来的某个地方,永生的上帝最终会来到人间,并在那里证明他自己是约伯的辩护人。

再一次，当约伯宣告，他确信即使他的肉体被毁灭，他也会从肉体中见到上帝时，他达到了更高的境界。

戴维森博士注意到一个事实，希伯来语的介词"from"和英语中的"from"有同样的歧义，这造成了翻译上的困难。难点在于确定约伯的意思是要从他的肉体里面，还是离开他的肉体去见上帝。戴维森博士引用了《李尔王》中里根的一段话：

"我们的父亲写了回信，我们的姐妹也写了。不过，我认为最合适的是从我们家里写回信。"

接着，他指出，上下文清楚地表明，她不是在家里写的，而是在离开家的地方写的。他认为约伯的意思是，我的肉体可能会毁灭，但这不能阻止我见到上帝；我必得见他，但要脱离我的肉体。在存在公认难点的情况下，争论不休并不明智。尽管在这段莎士比亚作品引文中，这个词的解释，其准确性毫无疑问，不过，事实上，若脱离了上下文进行解释，意思可能恰恰相反。我个人认为，在这种情况下，正确的解释恰好是相反的：约伯说，他的肉体虽然毁坏了，当他说话的时候，看到他的肉体正被可恶的疾病所毁坏，他还是会在他自己的肉身里见到上帝。

还有一些话，约伯绝不可能完全明白其全部意义。从道成肉身的角度来看，这些话是极不寻常的。如果他先前的声明是指，尽管他不明白具体方法，但他相信这个活着的至亲会降临世上为他辩护；他的意思也是说，他会在那里得见他的面。

这段独白的所有词句，都是法庭用语。于是，约伯最后宣告，他将亲眼见到他，也就是说，看到他站在他这一边作见证人。

单纯从约伯说这话的方式来看，这个宣言光芒四射，因为它确立了他的信念：当所有人都欲加之罪的时候，他活着的亲族、救赎主、辩护人、至亲，迟早会拥有最终发言权。那个结论不会是对敌人或朋友的责备，而是上帝要为他洗冤。

读到这里，我们不可能不意识到这些努力抗争的信念是如何实现的。随着时间的流逝，他的话被写下来，最后，这位至亲站在尘世上，成了他的辩护人。

d. 最后的警告

约伯突然痛苦地叫了一声，恢复了痛苦的意识：

"我的肺腑在我里面消灭了。"

尽管如此，异象的力量仍与他同在，他警告朋友们，既然问题的根源在他身上，他们就当惧怕审判之剑。

---

E. 琐法(二十1～29)

　　a. 初步的道歉(二十1～3)

　　　　(a) 承认他的怒气

　　　　(b) 说明原因

　　b. 一般性原则(二十4～5)

　　　　邪恶短暂

　　c. 论点(二十6～28)

　　　　(a) 邪恶所得的不稳定

　　　　　　消亡的尊荣

　　　　　　归于尘土的少壮之力

　　　　　　甜蜜变为悔恨

　　　　　　吞下终必吐出

　　　　　　得到却不欢乐

　　　　(b) 原因

　　　　　　强取豪夺

　　　　　　贪得无厌

　　　　　　结果

　　　　(c) 终极报应

　　　　　　上帝用审判追讨他

> 　　　灾害消耗他的珍宝
> 　　　最后的火
> 　d. 应用(二十 29)

### E. 琐法

显然,琐法匆忙作答。他的发言包括道歉、一般性原则、论点和应用。

#### a. 初步的道歉

第一个词"所以",表明了琐法要说的话与约伯的警告密切相关。他听出了责备,但并不服气。他实际上是为了自己的匆忙道歉,声称他的悟性促使他回答。这个回答和比勒达的一样直截了当,特点是描述更有力度,更惊心。

#### b. 一般性原则

他用"我的悟性"一词提出他的观点,然后,以向约伯提问的形式阐述他的观点。他问约伯是否清楚一个事实,他说:

"恶人夸胜是暂时的,不敬虔人的喜乐不过转眼之间。"

#### c. 论点

尽管琐法提出的主张,是他声称万古不变的一般性原则,但如果抛开约伯在独白和对朋友们的最后警告中,用"胜利"和"喜悦"来表达恶人的狂妄,就很难读懂这段用"所以"带出的发言。

当我们进一步研究在论证过程中,他描写这种胜利和喜悦的用语时,这一点就更加明显了。

尽管如此,这一论点作为一般性原则来说仍然是正确的。论证过程中,他勾勒出一个虚构的不敬虔之人的道路。琐法旁征博引,用激昂的文字,表明他确信邪恶所得的无定。恶人夸胜是暂时的,他的尊荣不过转眼之间。他虽高达云天,却终将灭亡;速被赶去,如夜间的异象;步步高升,却转眼成空;虽年轻力壮,却过早死亡;口尝甘甜,却生出懊悔的苦涩;所吞下的,以吐出告终;所得的,因不得享用而没有欢喜。

其后,琐法宣布了所有这些失败的原因。恶人通过欺压和强征暴敛得了资财。贪得无厌驱使他侵吞一切,结果那些被盘剥的人必定要报复他。

邪恶的终极报应是上帝的惩罚,他用各种审判工具追讨他:铁器、铜弓、黑暗和圣火,凡此种种,确保了他的毁灭。黑暗笼罩他,他的罪天诛地灭。

#### d. 应用

就如比勒达的情况一样,琐法的发言以一句确定的应用结束:

"这是恶人从神所得的份,是神为他所定的产业。"

理念还是一样的,恶人受惩罚。这个声明更简单直白,也更富有激情。不过,显而易见,发言人自始至终,一直想着约伯,但却让他自己对号入座。因此,在第二轮发言中,各人以不同的侧重点提出的共同主张是,受苦的是恶人。

F. 约伯的回答(廿一 1~34)
　　a. 初步的恳求(廿一 1~6)
　　　　(a) 他要求聆听
　　　　(b) 他为自己的急躁辩解
　　　　(c) 他要求留意他对问题的陈述
　　b. 作为回答的论点(廿一 7~26)
　　　　(a) 恶人亨通
　　　　　　事实
　　　　　　尽管不敬虔

　　　　　　约伯的评论
　　（b）他们的理念错了
　　　　　报应并非定数
　　　　　不该顾虑子孙后代
　　（c）他们并不比上帝高明
　　　　　问题
　　　　　无法解释的对立状况
c. 应用（廿一 27～34）
　　（a）他对他们个人意义的认可
　　（b）他们从他人那里学来的智慧
　　（c）他们的结论错了
　　（d）他们徒劳的安慰

### F. 约伯的回答

此处，像在第一轮发言中一样，约伯不仅回答了琐法的言论，还答复了三个朋友提出的论点，即受惩罚的是恶人。回答分为三部分：恳求细听；反驳他们的论点；以及把他的回答应用到他们身上。

#### a. 初步的恳求

约伯一开始就恳求他们细听，他话中带刺："这就算是你们的安慰。"他们曾谈到给约伯带来上帝的安慰，而他们发言中满溢着恼羞成怒，证明他们才需要安慰。约伯提议，如果他们肯耐心地听他说话，可能会找到所需的安慰。或许他说完，他们仍然会嗤笑他。为了引起他们对他痛苦的注意，约伯为在他们反驳时自己所表现出的不耐烦辩解，并要求他们在聆听的时候记住他的处境。

#### b. 作为回答的论点

接着，他继续详尽有力地反驳他们的说法，又列举了众所周知的事实，那就是恶人往往兴旺发达。必须记住，整个第二轮发言中，他们的主张一直是恶人总会受到惩罚。对此,约伯回答说,恶人并不总是受惩罚。他详细描述了恶人的亨通。他们本人亨福:"*存活……享大寿数……势力强盛。*"兴旺延续到儿女身上,子孙们在他们眼前建立了地位。这体现在财富上:他们家宅平安,产业回报丰厚,资财显著增长。这体现在生活习惯上,在孩子们的踊跃舞蹈中,在日常的喜庆中。死去的时候更加明显,恶人并未长期持续受苦,而是"*转眼下入阴间*"。

接下来,约伯说,尽管他们不敬虔,但这一切都是事实。他们把上帝从他们的生活中赶走,不愿意认识他的道,否认求告他的益处。

此外,他说,他相信恶人的昌盛并不归功于他们自己,他推断那是上帝赐予他们的。因此,上帝并非如朋友们所言,总是惩罚恶人。

在回答的第一部分结尾,约伯说,恶人的谋略离他好远。也就是说,他没有学他们亨通的诀窍。这正是使他备受煎熬的地方。假如朋友们所言真确,恶人总是受到了惩罚,那么他们就能自圆其说。可惜事实并非如此,因此他无法苟同,这也使他本人感到痛苦万分。

约伯继续他的论证,宣布他们的道理完全错了,并说出了无可推诿的结论。他问道,恶人的灯何尝熄灭,患难何尝临到他们,上帝何尝发怒向他们分散灾祸,他们又何尝像风前的碎稭,如暴风刮去的糠秕呢?

想到他们可能会回答说,即使审判不落在罪人身上,也必然会落在他们的后代身上,约伯驳斥了这种说法,说谁犯罪谁就该受报应。他以提问的方式,表明个人的信念:上帝不喜悦惩罚后人。

他们一直试图向上帝传授知识,因为很明显,他们所说的规则并不总是好用。为了说明这一点,约伯作了一个对比:一个人死在安逸中,另一个人死在痛苦中,他们的死亡方式无法解释。这样,他成功地化解了争端,因为他证明了那个论点并不总是站得住脚,所以,对于他的具体情况,可能并不适用。

c. 应用

约伯结束回答时,诚恳地对朋友们说,当他们说,"*霸者的房屋在*

哪里？恶人住过的帐棚在哪里?"时,他明白他们的意思。他十分清楚他们说的是他,尽管他们刻意用了许多字眼避免那么说。然后,他略带嘲讽地说,他们的道理来自道听途说,所讲的话基于漫不经心且肤浅的观察。他们的智慧,是与那些满足于一知半解的人交谈的结果。

他们的结论是错的。恶人并不总是生前遭报。他被抬到茔地,在安详与备极哀荣中下葬。因为他们所说的事不属实,所以,他们的安慰是徒劳的。

就这样,第二轮对话结束了。在本次发言中,约伯的朋友们仍然确信约伯受苦的原因是他有罪。他们联起手来,宣布受苦的是恶人,意在用这种范围更窄的说法,使他无处可逃。

事实上,在这种情况下,约伯的回答要比前一轮容易得多。与他们的说法恰恰相反,他肯定义人也受苦,而恶人却不总是受苦。并借此表明,他们的论点绝不可能使他束手就擒。不仅如此,他还严厉地斥责他们为了使他难堪,只说了一面之词。

---

(3) 第三轮发言(廿二 1～卅一 40)

  A. 以利法(廿二 1～30)

    a. 作出指控(廿二 1～20)

      (a) 上帝只因为罪降灾祸

         上帝不受人的影响

         因此他的判断公正

         推论：约伯犯了罪

      (b) 与惩罚相称的罪行

         罪状

         推理

      (c) 约伯对上帝的误解,原因

         上帝的至高无上被理解为冷漠

         这个观点之前曾以毁灭告终

> 　　　　　　　义人因毁灭而欢喜
> 　b. 提建议(廿二 21～30)
> 　　(a) 陈述
> 　　(b) 条件
> 　　(c) 后果
> 　　　　与上帝——喜乐
> 　　　　相交
> 　　　　得胜
> 　　　　与人——有能力帮助

## (3) 第三轮发言

在约伯和朋友的第三轮,也是最后一轮争论中,以利法和比勒达各自发言,约伯回答了他们。停了一会儿,约伯对整个争论作了最后回答。

同样,以利法和比勒达的发言继续假设苦难必定是个人犯罪的结果,只是在最后的陈述中,他们明确地说约伯犯了罪,所以受苦。

### A. 以利法

以利法的发言分为两部分。首先,他明确指控约伯有罪。其次,他提出了似乎符合需要的建议。

#### a. 作出指控

以利法问了一连串的问题来完成他的指控。在这些问题中,他实际上先是声明,上帝本身不受人的善恶的影响。他不因人的智慧获益,也不因人的公义得利;因此,他的判断必然是公正的;不可想象上帝会因一个人的良善而惩罚他。推论不言而喻,约伯的罪孽很大,他的罪过没有穷尽。

于是,他罗列了一些罪行,按照他的理念,这些罪自然可以解释约伯所受的苦。这些是有钱有势的人所能犯下的最卑劣的罪行:抢夺穷人，无故强取他的当头；剥去贫寒人的衣物；忽视困乏人，不给他们食物和水，以及压迫无助者。推论再次顺理成章：约伯的一切苦难，环绕他的网罗、烦扰他的惊惶、包围他的黑暗、淹没他的洪水，证明了他所犯的罪十恶不赦。

最后，以利法巧妙地引用约伯说过的一些话，试图解释他犯下的罪。这些罪都是由于他对上帝的误解造成的。他一直认为上帝是高高在上的那一位，脱离凡间，不涉尘事。因为有这样的想法，他就走了恶人的路，而这条路终将灭亡。所以，他与对罪的刑罚有份，这刑罚使义人欢喜，因为他们认为这是罪有应得。

### b. 提建议

在这个指控中，以利法犯了他最大、也是最终的错。除了他从自己的推理中推断出来的证据之外，在没有证据的情况下，他就指控约伯犯下最严重、最卑鄙的罪行。假如他的结论正确，他所提的建议堪称高明。在这一点上，我们必须明白，既然约伯没有犯过这些罪，这建议对他来说就毫无用处。

记住这一点，我们就可以把这建议与对约伯的应用分开来考虑，发现它的美。为了使自己得到祝福并成为祝福，人最需要的是认识上帝。人可能获得这些知识的条件已经说明并指出了由此产生的结果。

首先，他用笼统和宽泛的话提出建议：

> "你要认识神，就得平安，福气也必临到你。"

接着，讲到了如何能够遵从这个建议：要领受律法；通过摒弃不义回归公义；必须舍弃人间的财宝如粪土。当满足这些条件时，所失去的，全能者会以他自己来代替。在他里面会有喜乐；与他相交，并藉着他得胜，战胜一切不利的环境；最终的结果将是有能力解救他人。

B. 约伯的回答(廿三 1～廿四 25)
　　a. 上帝不在他身边的问题(廿三 1～17)
　　　（a）以上帝为审判官的叹息
　　　　　　为他的哀告辩解
　　　　　　对审判席的渴慕
　　　　　　无果而终的寻觅
　　　（b）信仰的坚韧
　　　　　　它的确定
　　　　　　有意识地正直
　　　（c）恐惧战兢
　　　　　　上帝的坚持
　　　　　　随之而来的恐惧
　　　　　　黑暗不是原因
　　b. 上帝不干涉的问题(廿四 1～25)
　　　（a）诉苦
　　　（b）论点
　　　　　　容许压迫
　　　　　　　压迫的事实
　　　　　　　上帝不干涉的事实
　　　　　　恶未遭报
　　　　　　　对恶人的描写
　　　　　　　按朋友的理念,他们应得的报应
　　　　　　　有关恶人的事实
　　　（c）挑战

### B. 约伯的回答

　　约伯在对以利法的立即回答中,忽略了对他的严厉指控,留作后续处理。他更多的是讨论了以利法认为上帝不参与人间事务的观念,并大胆地肯定他对这个问题的认识。发言分为两部分。第一部分,讨论了上帝不在他身边的问题;第二部分,讨论了上帝不干涉大千世界事务的问题。

### a. 上帝不在他身边的问题

对于自己的情况,他承认自己的诉苦中带有刻薄,不过,他为自己辩解,认定所受的苦大过他的抱怨。

以利法曾说:

"你要认识神,就得平安。"

对此,约伯报以长叹:"惟愿我能知道在哪里可以寻见神!"

这追随上帝的叹息,表达了他渴望到上帝的审判台前。这是对他在之前乐章中所持态度的回归。他说,只要他能找到那个审判台,他知道上帝会怎样对待他。上帝不会用他的大能与他争辩,却要听从他,拯救他。

但约伯说,无论前行或后退都无法找到上帝,他意识到上帝的存在,却看不到他。

约伯在诉苦的时候,突然冒出一段话,为他信仰的坚韧提供了显著的证据。他关于上帝的结论并不像以利法影射的那样。他清楚上帝知道他所走的路,甚至还坚定了信心:经过试炼,他终必如精金。

基于自己的正直,他宣告对上帝是忠心的。以利法告诫他接受律法,把上帝的话存记在心。他回答说,他并没有违背上帝所发的命令,而且看重上帝口中的言语过于需用的饮食。

之后,对信仰的认定变成了对恐惧的承认。无论上帝在做什么,约伯都无法说服他停止。于是,他满心惧怕。意识到他的切实存在,这一事实让他感到不安。他惧怕上帝,因为他相信自己的苦难是他所为,而上帝并没有现身拯救他。

### b. 上帝不干涉的问题

从个人问题的角度出发,约伯考虑了更广泛的应用。他求问上帝不干涉的原因，以及为什么上帝对认识他的人隐藏自己。

接着，他继续列举了上帝漠不关心的证据。他用长篇大论说明压迫仍被容许。有的人专事欺压。他淋漓尽致地述说了对穷人的盘剥、对饥民的忽视、对无助者的压迫——也就是说，约伯宣告，以利法归到他头上的那些事情都是世间存在的，他对此的描述，远比以利法详细得多，末了，他说：

"神却不理会那恶人的愚妄。"

这既正面回答了以利法的人生哲学，也侧面回答了对他的指控。以利法曾争辩说，这些罪可以单独解释他的痛苦。约伯回答说，世间不义横行，上帝并未干预。

接下来，他更为详细地说明，那些罪大恶极的尚能逍遥法外。谋杀犯、通奸的和强盗，都在继续他们的罪恶行径而未受报应。不错，他们固然终有一死，但暂时是安全的。

因此，约伯承认，在某种意义上，以利法认为上帝不参与人类事务的观点是对的，但他对以利法的谴责——即按照以利法提出的方式行事，也就是说在掠夺、忽视和压迫中对人犯罪——报以无声的蔑视。他在发言结束时，挑战他们，要他们反驳他所说的话的真实性，从而否认他有关上帝的缺席和不干预恶行的观点。

---

C. 比勒达（廿五 1～6）

  a. 从上帝的治理看人（廿五 2～4）

    （a）上帝的治理

        必不可少

        积极主动

        普遍存在

    （b）人的无助

  b. 从上帝的荣耀看人（廿五 5～6）

（a）大自然的荣耀
（b）人类的堕落

## C. 比勒达

在第三轮发言的这一节中，双方对争论的过程都没有什么贡献。比勒达讲话的特点是短小精悍，他并没有打算与约伯争论这件事。这说明争论中朋友一方的力量明显减弱。比勒达无法用经验事实回答约伯的要求，不过，他还是怀疑约伯的正直。他简短的发言意在宣告，约伯想在上帝面前为自己辩解的愿望是荒谬的。这段话分为两部分：第一部分，解决从上帝的治理看人的问题；第二部分，解决的是从上帝的荣耀看人的问题。

### a. 从上帝的治理看人

比勒达在宣言中肯定了上帝的治理是必不可少的，"神有治理之权"。

接着，他继续宣告上帝的治理是积极主动的，并在提问中暗示其具有普遍性：

"他的光一发，谁不蒙照呢？"

在这样的伟大面前，人怎么可能在上帝面前称义呢？——也就是说，如何可能证明人是公义的呢？这本来是约伯的问话，但他的目的是要证明人不可能与上帝争辩。比勒达的意思是说，由于人本质的罪性，人不可能与上帝抗衡，他在问话中宣布了对这罪的认定，"妇人所生的怎能洁净？"

### b. 从上帝的荣耀看人

在独一真神的荣耀面前，月亮无光，星宿也不洁净，人不过如虫，怎能算为公义清洁呢？

到目前为止，比勒达对上帝的看法是对的。他对人的看法是错的，因为他暗示人不如月亮和星宿。

这番话的力道与以利法旗鼓相当。在比勒达看来,约伯的无辜是不可想象的。毋庸置疑,他十分清楚地表明了,在他心目中约伯的罪是成立的。

---

D. 约伯的回答(廿六 1～14)
   a. 鄙视比勒达(廿六 1～4)
     (a)他嘲讽比勒达的无力帮助
     (b)他的两个要求
   b. 他对上帝的伟大的认识(廿六 5～14)
     (a)一些表现形式
        地下世界
        人世间
        苍穹
     (b)隐藏的伟大

---

**D. 约伯的回答**

约伯的回答是,首先,对那些已经停止争论的人表示蔑视;其次,肯定自己非常清楚上帝的伟大。因此,他用沉默来表达拒绝收回自己已说过的话。

a. 鄙视比勒达

在连连的厉声呵斥中,约伯表示朋友们所说的各种帮助他的方法都无济于事。就算约伯一如他们所想,没有势力、没有力量、没有智慧,比勒达到底帮了他多少忙,在多大程度上挽救了他、劝戒了他呢?约伯向他发出挑战,"你向谁发出言语来?"

这问话似乎表明,他敏锐地意识到了比勒达立场的弱点。那就是他不了解人,这一点从他暗示人不如月亮和星宿就可以看出来。这种无知引发了约伯的第二个问题,"谁的灵从你而出?"

约伯的意思是说,比勒达说这话并非根据上帝的指示,而是他自己的理解力不完善的结果。

### b. 他对上帝的伟大的认识

为了显示比勒达论点的贫乏,约伯接着谈到上帝的伟大,从而表明他比朋友们更了解这一点。

他首先宣告了自己的信念,即上帝的力量行使在地下世界;使"阴魂战兢",阴间"显露","灭亡也不得遮掩"。

此外,整个宇宙单单是由他的力量支撑的。上帝摆放北极,或极心,而且,"将大地悬在虚空"。

他举目从大地望向四围的穹苍,宣告这全然是由上帝的大能托住的。诸水、光明和黑暗的奥秘,都在他的统管范围之内。风暴的席卷和消失,同样也是他的能力和圣灵的结果。

就这样,他以气势磅礴的诗意之美,表明了对上帝的伟大和治理的认识。最后,他宣告所有这些都不过是"上帝工作的些微"。毕竟人所意识到的一切,只不过是他的细语而已。他那雷霆万钧的威力,显然是人类无法理解的。

于是,约伯说,朋友们对上帝的一切知识,他自己也有。这不是最大的事,也未叫他不安。

这个回答跟比勒达的发言很相称。正如我们所见,无论是发言还是回答,都没有为争论增添什么新内容。比勒达没有别的话可说了,只把上帝的伟大和人的渺小作了一番比较。约伯报以讥诮,并肯定自己清楚地知道上帝的伟大。

---

E. 约伯的最后回答 * (廿七 1～卅一 40)

停顿

  a. 对沉默报以嘲讽(廿七 1～23)

    (a) 他的无罪辩护(廿七 1～6)

      抗辩的形式

      插入语

      抗辩

> （b）他对朋友们的奚落（廿七 7～23）
> 主张
> 承认
> 作出承认
> 强调他们的观点

＊我坚持了这样的安排，使这整段话成为约伯的最后发言。莫尔顿博士（Dr. Moulton）、布林格博士（Dr. Bullinger）及其他人，把这段话的其中一部分划给琐法。而德赖弗博士（Dr. Driver）则遵循圣经的安排。对不同观点的讨论，读者可以参考相应的作者，因为这样的讨论不在我的"解经丛卷"的范围内。可以说，我对这一安排的坚持，是经过深思熟虑的，也仔细考虑了双方的观点。

### E. 约伯的最后回答

如果读者仔细观察释经时指出的那些停顿，对考虑约伯对于朋友们论点的最后回答，会有很大的帮助。第一个停顿放在开始处，意味着约伯在回答了比勒达之后，在等琐法。第二个停顿，紧接着他奚落朋友们的那段，在对整个问题的沉思之前。第三个停顿位于沉思和一个段落之间，在其中，约伯回顾了他的整个经历，并从中推演出一个结果。最后一个停顿介于回顾和推演，以及用来结束回答的合法、正式的无罪誓言之间。

由此可以见，最后的回答据此分为四个部分：对沉默报以嘲讽；对整个问题的沉思；回顾和推演；庄严的无罪誓言。

a. 对沉默报以嘲讽
约伯的答复的第一节分为两部分：他的无罪辩护以及对朋友的奚落。

（a）他的无罪辩护
无罪辩护是对以利法所作指控的直接回应。我们记得，在约伯立刻答复以利法时,他忽略了这个指控,讨论了以利法对上帝的看法。现在,他经过深思熟虑并特别强调,否认了这一指控。他的辩护形式是要留心注意的。他一边再次埋怨上帝夺去了他的权利,使他的灵魂不安,一边用"我指着永生神"这话起誓,肯定他对上帝的信仰。然后,他郑重其事地拒绝偏离他在整个争论中所持的立场。要他认罪,就是要他的舌头说诡诈的话。他拒绝通过认罪来证明他们正确。他一向公义,并坚定地重申了这一事实,宣布他不会屈服于这种要求。

辩护中,一些词句出现在插入语里,不能省略。

"我的生命尚在我里面,神所赐呼吸之气仍在我的鼻孔内。"

从这些话里可以看出,他已经在一定程度上收复了失地。他用这些话肯定了自己的人格,承认了与上帝的关系,这两种思想在本卷书早期的乐章中都很明确,而在试炼过程中削弱了。

### (b) 他对朋友们的奚落

从这一声明开始,约伯的回答是忿怒的。他先是向他们提议:他们应该把自己放在恶人的位置上,也就是说,他们应该把自己当成是不义之人。他假定他们听从了他的观点,就接着拷问,恶人虽得利,但当上帝夺去他的灵魂时,还有什么指望呢。然后,他又问,患难之日,上帝会不会听恶人的呼求? 他的意思不是说上帝是否会应允恶人的祷告,而是说,即便恶人祷告,上帝有可能会听一个恶人的祈祷吗? 再说,恶人又怎么会以全能者为乐,随时求告他呢。

于是,约伯提出了自己和恶人之间的区别。他祷告过,也确实以上帝为乐,他那热切的恳求也表明了他渴望找到上帝,使他可以呼求他。

接下来,为了论证,他引用了琐法的话,承认他们的理念是正确的,"神为恶人所定的分,强暴人从全能者所得的报乃是这样"。

约伯用一段话对琐法的说法做了详尽的说明,这段话很可能出自朋友们之口,所以完全表达了他们的观点。不过,必须根据约伯的主张来解释这种认可,那就是约伯认为他们把他们自己放在恶人的位置上。他们所说的关于恶人的一切报应,当然是真的。不信上帝的人会遭报应,但他们不敬虔,不祷告,不喜悦上帝;而约伯不同,他祷告，也确实以上帝为乐；所以，他们的观点不能套用在他身上。

他主张他们把他们自己放在恶人的位置上，这确实带点咒诅的性质，其中表达了约伯的愿望，即愿他的敌人像恶人一样。在辩论过程中，他内心最深刻的信念不禁油然而生，这和他对上帝不干涉人类事务的抱怨自相矛盾。他鼓起所有信心的勇气，说要教导他们上帝的本性。事实上，他抓住了他们所说的上帝报应恶人的那些话，当作咒诅还诸其人。他承认他们的理念是对的，但拒不接受用到自己身上。于是，整个问题被约伯留在原处，充满了神秘感。他们所说的都是真的，但约伯的情况并非如此。必定有其他方法能解释他的受苦。

这里所陈述的观点并未明说，但从约伯对对手忿怒的反驳中，可以顺理成章地作出推理。

---

停顿
　　b. 对整个问题的沉思（廿八 1～28）
　　　（a）例证背景：矿井（廿八 1～11）
　　　　　　场所
　　　　　　过程
　　　（b）宣言的前奏（廿八 12～28）
　　　　　　第一个问题
　　　　　　第一个答案
　　　　　　第二个问题
　　　　　　第二个答案
　　　　　　上帝明白
　　　　　　人的答案

---

　　b. 对整个问题的沉思
　　此时，答复的语气从驳斥以利法指控的激越中冷静下来，变成了沉思中的安静。这意味着他停顿了一下。这种沉默是戏剧性的，富有效果。约伯此时深入讨论了关于智慧的问题，而放在这里的停顿，使我们所思考的先前篇章所表达的观点更加有力。朋友们在与他打交道的过程中，极不明理。他现在宣布了获得智慧的困难。这个乐章分为两个部分：例证的背景，以及宣言的前奏。

（a）例证背景：矿井

约伯通过举例子，带入他的主要论点。他描写了人类获取地上珍稀物品的能力。金、银、铜、铁——各有出处，但只有通过劳动才能获得。

他绘声绘色地讲述了人类是如何做到这一点的。人刨开矿井，从地下穿过，驱除了黑暗。过路之人也想不到他们的行动。在一条连鸟也不认识的小道上，他们发现了宝藏。那里并无走兽的踪迹，但人翻山越岭，开凿通道，找到各样珍宝。整个段落对矿工的工作作了诗情画意的描写。

（b）宣言的前奏

如此描述了人在物质领域中攻坚克难的惊人能力之后，约伯接着说，寻找智慧难上加难。为此，他提出了两个问题，并给出了两个答案。

他的第一个问题是：

"然而，智慧有何处可寻？聪明之处在哪里？"

他的答案肯定了智慧的价值是无法估量的，在活人之地也无处可寻。智慧是无价之宝。人可以找到物质世界的珍宝，金、银和宝石，但这些与智慧相比毫无价值，因为人无法找到智慧。

他的第二个问题与第一个问题相同，只是形式略有不同。

"智慧从何处而来呢？
聪明之处在哪里呢？"

他的答案是：必须承认，智慧是隐藏在生死之外的。这为他的重要宣言铺平了道路：

"神明白智慧的道路，
晓得智慧的所在。"

可以从观察上帝所行的不可能之事中，找到这一声明的真实性证据。他"鉴察直到地极"；他"为风定轻重"；他"量度诸水"；他为"雨露定命令"；他"为雷电定道路"。在这一切事上，他显明了智慧的所在，并且完全了解它。

最后，约伯宣告了什么才是人类真正的智慧：那就是"敬畏主"，"远离恶"。

所有这些沉思的光芒，都折射在这场争议中。这其实是承认，约伯和朋友们在他的苦难面前都不知所措。不过，这却是对信心的肯定，这种信心一再表明它对奥秘的意识，同时又紧紧地抓住上帝。对朋友们和约伯来说，唯一的智慧就是敬畏耶和华，远离恶事。

这个立场，实际上是他对无罪的新宣言，也是对他们的指控。他们在试图解释上帝的行为时，已经远离了对他的敬畏。

如果不能慧眼识珠，就不可能读懂这一点：与诚实承认无法解释上帝治理背后的奥秘相比，对上帝之道进行自以为是的解释更缺少敬畏。

此外，在沉思中，约伯显然至少意识到一线光明。他敬畏耶和华，远离恶事，所以，智慧当将奥秘启示给他。

---

停顿

  c. 查究和推理（廿九 1～三十 31）

    （a）追忆过去的繁荣（廿九 1～25）

        述说

          上帝

          儿女

          福乐

          敬重

        公布秘密

          仁慈

> 公正
>> 对体会的描述
>>> 盼望
>>> 力量
>> 记忆中的尊严
>>> 尊敬
>>> 信任
>>> 影响力
> (b) 对立的现状(三十 1～23)
>> 卑贱小人侮辱他
>> 体会
>> 个中原因
>> 叙述
> (c) 他发怨言的理由(三十 24～31)
>> 陈述
>> 自己昔日作为使然
>> 所发的怨言

c. 查究和推理

语气再次发生了变化。在明显的停顿之后,约伯脱口而出一番话,回顾了自己的生活经历,从而为他的怨言找到了理由。约伯还是没有解决办法。他彻底推翻了朋友们的主张。他首先回顾了自己的繁华年代,以便为庄严地起誓自己无罪作好准备;而后,对比描述了他的现状;最后,说出了他抱怨的理由。

(a) 追忆过去的繁荣

约伯以一声叹息开始了对往事的述说,"哦,惟愿我的景况如从前的月份。"

回首往事的时候,他首先讲述了与上帝的关系。过往的岁月是团契相交的日子,在那些年岁里,他体会到神圣的护佑、光照和友谊。

之后,有一句话,他提到了他的孩子们,一度心酸得泣不成声:"我的儿女都环绕我。"

接下来,他提到了昔日的繁荣,最后谈起各阶层人士对他的评价。他拥有至高无上的尊荣。无论长幼都尊敬他。那些身居要职的人认识到他的伟大而尊崇他。

随后,他说,他受人敬重的秘诀在于对人的态度。他是那些需要帮助之人的朋友。他以公义为衣,以公平为冠冕,管理众人的事务,惩治欺压人的,解救被欺压的。

于是,他描述了当时的体会。那是一种基于安全感和力量,并充满了希望的感觉。

最后,他又回想起当人们听从他、服待他时,他的地位是多么尊贵。当他如君王般在他们中间的时候,他们信任他;当他对哀恸者给予最真切的慰藉时,也是如此。

这番追忆,说明了他在繁华年代所表现出来的仁慈和慷慨,明确推翻了以利法的指控,即说他剥削穷人、忽视饥民、欺压无依无靠的人。

(b) 对立的现状

约伯随即开始述说他的现状。通过今昔对比,叙述变得更加形象生动。

他最先说起了如今藐视他的卑贱之人。在第三轮对话的开始,约伯在答复以利法时,曾描绘了恶人,他的抱怨是上帝没有干预此类人的行动。此处对侮辱他的卑鄙小人的描写,正好与其相符。曾几何时达官贵人敬重他,现如今连最卑贱之人都嘲笑他。

这种体会痛彻心扉。由于强烈的落差感,他忽然失声痛哭:

"现在这些人以我为歌曲,以我为笑谈。"

卑鄙小人对他的态度让他感到苦不堪言。于是,他把自己比作被困的堡垒,而这些人像在他身上辗轧似的。最令人痛心的是,在他患难

的时候,这些人忘记了他过去的尊荣,极有可能还嘲笑他过去的荣誉:

> "他们驱逐我的尊荣如风。"

　　莎士比亚让马克·安东尼对凯撒的尸体说,"不过是昨天,凯撒的话还可以与世界抗衡;现在他却躺在那里,没有人像他那样可怜。"约伯的经历更加愁苦,因为不仅穷乏人不再尊敬他,卑鄙小人瞧不起他,而他甚至无法在死亡的寂静中找到避难所。

　　约伯继续讲述他苦难的故事,再次描述了他的痛苦。在众人的谩骂中,他身体的疼痛持续不断,使他得不到休息。最悲哀的是,当他呼求上帝的时候,没有回答,只有痛苦的延续。

　　只有和先前所说的繁华年代作鲜明对比时,才能理解之后约伯对自己苦难的描述。那时上帝是他的朋友,如今上帝是残忍的对手;那时他儿女绕膝,如今无法再呼唤孩子们的名字了;那时他繁荣兴盛,如今家财灭没;那时他备受尊崇,如今被死亡的阴影笼罩。

　　(c)他发怨言的理由

　　带着今昔鲜明对比的印象,约伯说,苦难的经历是他发怨言的正当理由。他在发言中强调,他过去对被压迫者的态度是同情的。如果意识不到至少他心里由对抗而来的怀疑在起作用,就无法把他所说的上帝对他的态度——

> "主啊,我呼求你,你不应允我;我站起来,你就定睛看我,"

　　与他曾经对患难之人的态度作比较——

> "人遭难,我岂不为他哭泣呢? 人穷乏,我岂不为他忧愁呢?"

　　他用焦灼的话语反复讲述他痛苦的经历,说这种痛苦是他哀叹的原因。

停顿
   d. 庄严的无罪誓言(卅一 1～40)
      （a）在个人生活中（谨守）(卅一 1～12)
          私欲的面目
          恶行
          堕落的生活
      （b）对邻舍（公义）(卅一 13～23)
          对仆婢
          对穷乏人
      （c）对上帝（敬虔）(卅一 24～34)
          偶像崇拜
          怀恨
          虚伪
      （d）最后的申诉(卅一 35～40)
          签名画押
          上诉的要求
          最后的声明

**d. 庄严的无罪誓言**

在考虑约伯庄严的无罪誓言之前，不妨简单回顾一下促成这最后发言的过程，因为一切都在为下面要说的话做铺垫。

在琐法闭口不言之后，约伯先是声明自己的无辜，然后，因为辩论对手们缺少智慧，他就把怒气撒在他们身上。接着，他宣布人不能寻得智慧，又申明智慧是属于上帝的，并说人的智慧在于敬畏上帝，远离恶事。最后，他把自己过往的昌盛和如今的衰败作了对比，为他的苦情找到了理由。

现在，他终于慎重地发誓说他是清白的。这就是他对三位友人所持观点的最终回答。他们在每次发言中都极力坚持一个结论：他的苦难必定是罪的结果。对此，他的回答是证明他们的理念在许多应用上都有错误,所以,很可能在他的案件中也有错误。

此刻,在精心准备的陈述中,他肯定了在个人生活中,在与邻舍的交往中,以及对上帝态度上的清白。最后,他郑重地在申诉上签名画押,要求定案。对无罪的三重肯定,触及了使徒所说的人生三大关系:"谨守,公义,敬虔"。

(a) 在个人生活中,"谨守"

在谈到个人的纯正时,约伯说他已经脱离了眼目的私欲,与自己的眼睛立约,行事如同行在上帝眼前。他宣告已经弃绝了一切偏离正道的行为,若不然,他就是在自招咒诅。最后,他用最朴实的语言确认自己在那些重罪上是清白的。

在宣告自己无罪的过程中,他恳求上帝为他辩护。若他所言不实,他就自招咒诅。实际上是说,如果他在这些事上犯了罪,那么,临到他身上的灾祸就是解释得通的。言外之意很明显:既然他是无辜的,他的苦难之谜仍未解开。

(b) 对邻舍,"公义"

约伯继而从仆婢开始,谈到自己在与同胞关系上的清白。既然知道在上帝面前人人平等,当他们与他争辩时,他并没有藐视不听他们细说情况。

对穷乏人,他不仅秉公办事,而且颇有担当。他列出了身居高位的人欺压穷人的方式,包括掠夺、自私、冷漠,以及屈枉正直。他宣告自己在这一切事上是清白的。他从来没有抢掠过穷人和寡妇,没有专顾自己吃喝。即便当他坐在城门口,握有恶待别人的权力时,也从未利用这一点。

他心甘情愿地承认他的正直源自对上帝的敬畏,但他一向是正直的。

同样,这种对相对正直的肯定形式,再次表明如果他在这些方面做得不好,他的苦难就是公正的。言下之意是,因为在这个问题上问心无愧,所以他对受苦的公正性还是完全琢磨不透。

（c）对上帝，"敬虔"

最后，约伯为他与上帝关系上的正直辩解。他从未对偶像崇拜沉迷过；财富也从来不是他的倚靠。就算是自然境界的巅峰，日月的光辉，也不能诱使他去崇拜自然。

除此以外，他内里没有邪恶的倾向，使他对别人幸灾乐祸。这句话似乎是在挖苦他的朋友们。最后，他否认了在这方面的虚伪。他从不遮掩自己的过犯，或因惧怕人而掩盖不义的事。

无罪誓言中，对最后这一乐章的确认再次表明，如果他犯了上述任何一项罪，那么，就会有一个解释。他对奥秘的意识被一个事实显明：在宣告自己的正直时，他断断续续地说了最后一句表白的话，并忍不住哭出声来：

"惟愿有一位肯听我的！"

（d）最后的申诉

在插入语里，他宣告就所起的誓签名画押，并请求上帝能回答他。

他最后的几句话，要求对手提供明确的诉状，证明他的苦难就是由此引发的。如果这样的控诉被证实是真的，他愿意承受最后对自己所发的咒诅。

一般认为，结束语"约伯的话说完了"，是本卷书的作者，或后续的编辑或誊录员说的。就我个人而言，我看不出为什么这不能是约伯自己的最后一句话。这句话生动而有力。他再没什么好说了。谜团仍未解开，他重新陷入沉默，并宣布他决定不再说话了。

3. 最后的声音（卅二 1～卅七 24）

　　引言（卅二 1～5）

　　　三人的沉默

　　　以利户的怒气

　（1）开场白（卅二 6～卅三 7）

　　　A. 他的道歉（卅二 6～22）

a. 他沉默的原因

b. 他发言的理由

（a）智慧来自上帝

（b）三人的失败

（c）他自己的信念

c. 他讲话的方式

B. 他的呼吁（卅三 1～7）

a. 呼吁

b. 论点

（a）以利户的真诚

（b）他与约伯的关系

## 3. 最后的声音

现在传来了世间争论的最后声音。这是一个新声音，而约伯根本没有机会回答。此外，在最后几篇乐章中，上帝除了突然打断他的话之外，再也没有提到过这个人所说的话。在尾声中，当前三位朋友再次出现时，并没有提到以利户。

不过，这个人的长篇大论读来津津有味，比前三个人更胜一筹。

在引言之后，以利户的发言包括：开场白；对约伯所说的某些事一一答复；最后，是他自己的哲学宣言。

本卷书的作者用一个简短的段落向读者介绍了以利户。三个朋友"因约伯自以为义，就不再回答他"。也就是说，他们意识到自己没有能力定他的罪。现在很明显，以利户，一个年纪小得多的人，听见了这一切话，他被激怒了。他向约伯发怒，因为约伯自认为比上帝更公义。约伯显然急于维护自己的清白，尽管按照朋友们的观念，这样做是在指责上帝的不公。以利户显然感觉到，虽然处境困难，但约伯本该更着急替上帝辩护才对。

他对约伯的朋友们很生气，因为他们不能胜任自设的目标。他们试图与他争辩，却失败了。以利户意识到，他们对约伯的话无言以对，但还是定他有罪，因此约伯就对他们发怒。他听完他们的话，深信自己有能力处理这个案子，但是他一直忍着没说话，直等到长辈们讲完。

## (1) 开场白

在继续他的主要论点之前，以利户作了道歉，并提出要求。

### A. 他的道歉

他说，他保持沉默的原因是因为他年轻。而当他要开口说话的时候，他解释了原因。他接受约伯在关于智慧的辩论中所采取的立场：即人的聪明是上帝启示的结果。不过，他说人里面有灵才能接受这种启示。他听后得出了这样的结论：寿高的并不一定更有智慧。他对朋友们说，他等了很久，而他们却失败了。他们中间没有一个人能说服约伯，或驳倒他的话。因此，他要另辟蹊径。他说自己言语满怀。的确，他有很多话要说，他决定说出来，并提醒大家注意：他不会看人的情面，只讲自己深信不疑的事。

### B. 他的呼吁

于是，以利户要求约伯听他的话，并向约伯保证自己的绝对诚意。他明确表示，无论对约伯说什么话，都不会是从法官的立场，而是从友谊的立场出发。他并不想让他充满恐惧，而是想帮助他。如果采用旁注解读，会是"看哪，我照你所愿的代替神"，而不是"看哪，我与你一样向神行事"。

可以看出，以利户的要求是基于约伯与三友辩论时，曾经呼求一个能站在他和上帝中间，向两造按手的人。以利户相信自己所说的话，是受全能者的灵光照的结果，并且知道他和约伯一样是用土造成的，他觉得有理由要求这个痛苦迷茫的人充分关注，因为这是出于他自己的愿望和选择。

从开场白中以利户的语气和脾气可以看出，他对待这个问题的立场与惨败的三个朋友完全不同。整个争论的过程，总让人感到他们方法的冷漠。他们让约伯认罪的每一次努力,都出自一种一成不变的哲学。以利户用话语走近约伯,源于上帝的启示之灵与人的灵直接相交流,也使他意识到更广阔、更丰富的前景。他带着强烈的信念和良好的礼仪来到约伯面前,最重要的是,他认识到整个问题的最终解决办法必须来自上帝。

(2) 以利户回答约伯(卅三 8～卅五 16)
  A. 第一段引语及答复(卅三 8～33)
    a. 第一段引语(卅三 8～11)
    b. 答复(卅三 12～33)
      (a) 一般情况
      (b) 上帝的方法
            他说了一次、两次
            他责罚人
      (c) 总结和呼求
  停顿
    对智慧人的呼求(卅四 1～4)
  B. 两段引语及答复(卅四 5～卅五 16)
    a. 两段引语(卅四 5～9)
      (a) 第一段
      (b) 第二段
    b. 答复第一段引语(卅四 10～37)
      (a) 上帝不会行恶
      (b) 他的判断基于全备的知识
      (c) 学习和顺从是人类的智慧
      (d) 约伯并未这么做
    c. 答复第二段引语(卅五 1～16)
      (a) 复述约伯的怨言
      (b) 上帝不受人的影响

> （c）未蒙应允是因为他们妄求
> （d）对约伯的指责

## （2）以利户回答约伯

以利户对约伯的正式回答，方法非常明显。他引用约伯实际说过的话，并对这些说法作出回应。在他看来，这些话显明了约伯的真实立场。这一乐章分为三个部分。在第一部分中，他引用一段话并回答。第二部分，他再次呼求智者们倾听。第三部分，他引用两段话并作出回答。

### A. 第一段引语及答复

#### a. 第一段引语

实际上，我们所说的第一段引语，是一连串的引用，对约伯的论点作了总结。约伯在发言中，明确肯定了自己无罪；他说上帝一直反对他；约伯这番话的明显推论是，上帝对他的敌意是无缘无故的。

#### b. 答复

以利户反对这种观点，并继续他的回答。他首先概括地说，上帝比人伟大，因此人无论如何都无权对上帝的作为要求任何解释。不过，这还不是全部。尽管人无权要求上帝回答是完全正确的，但上帝会说话，这也同样正确。以利户接着述说了上帝说话的方法和目的。上帝的方法是在人睡觉的时候，通过梦和异象来封印指示，开通人的耳朵。他说话的目的，是为要叫人得救，而不是叫人灭亡。

上帝对人有另外一种方法，那就是责罚。以利户接着作了具体说明，并以这样的方式来涵盖约伯经历的一切。因此，虽然约伯一直抱怨说找不到上帝，上帝也不管他，以利户启发说，他所有的苦难都是神的作为的一部分，是一种神圣医治的方法。在整个过程中，约伯需要的是一位天使或信使，一个解释者，向他解释痛苦的意义。他接着宣布了责罚的目的。如果能找到他所说的这样一位传达者，那么，我们就会明白，上帝的责罚是仁慈的，人必再得恢复，并为恢复而喜乐。以利户对复兴的描绘令人心驰神往，不过，值得注意的是，他放进复兴之人口中的那首歌，包含对罪的忏悔。

显然，以利户自认为就是那个不可或缺的解释者。这里形成了他的主要论点：那就是，上帝通过苦难，使人达到更高的境界。根据这个观点，苦难具有教育意义。

以利户结束了他回答的第一乐章，他挑战约伯听从他的话，如果他有话要说，尽管回答。如果无话可说，就要在以利户继续说下去的时候默不作声。

停顿。向智者们发出呼吁。

显然，以利户等着给约伯答话的机会。他见他沉默不语，就继续自己的发言。首先，他再次向智者们发出呼吁，请他们聆听并试验他的话。

## B. 两段引语及答复

约伯没有回应他的挑战，以利户继续回答约伯说过的那些事。这一次，他引用了约伯发言中的两段话。

### a. 两段引语

第一段可以概括为，约伯争辩说尽管他持守正直，却还在受着上帝的折磨。这句引语之后，以利户感叹说，约伯这种大不敬的态度，是与作孽的结伴，和恶人为伍。

然后，他又引用了第二段话，其中约伯曾提出对上帝忠心总是无益。当然，所有这些引语都不是直接引用，更多的是总结约伯的论点想要证明的结论。毫无疑问，它们是对约伯的论点完全公正的总结。

### b. 答复第一段引语

以利户立即回答这两个问题。约伯说自己虽然持守正直，却受到了上帝的折磨，这引起对上帝本性的思考；而以利户用一段美不胜收的经文,断言上帝不会行恶。他再次呼吁那些明理的人要听,其后又肯定上帝的权威不可抗拒。上帝的判断完全公义。他不可能受到任何低端动机的影响。他无视人类地位和财富的差别,因为所有人都是他手所造的。所以,不可想象上帝会作任何恶事。

他接着说,上帝的治理建立在完备的知识基础上。没有人能在他面前躲藏。因此,他没有必要施行特别审判。约伯要求有权站在上帝面前为自己说理,以利户说这是不必要的,因为上帝明明知道这件事。上帝的判断源于他的全知。

因此,人的智慧最明显的就是顺服与学习。上帝无论是对付一国还是一民,他的方法都是同样不可抗拒的,是正确的。

约伯并未这么做,他说的话至少表明了上帝的行为有失公正,因此他又在罪的基础上加上了叛逆。

显而易见,特别是在对第一段引语的回答中,以利户是对约伯的朋友们和约伯本人讲话。虽然他偶尔也直接对约伯讲话,但大部分的话好像是对他们全体讲的。

### c. 答复第二段引语

在答复第二段引语之前,以利户重复了这句话,并根据自己的理解来解释它的真正含义。据他说,约伯曾说过:

"这与我有什么益处? 我不犯罪,比犯罪有什么好处呢?"

以利户提出,当约伯质疑事奉上帝的好处时,他高举自己的义胜于上帝的义。

他的回答,包括了从他的立场宣告上帝的主权这一真理,因为他用一连串的提问,表明了他的信念:无论人是罪是义,上帝是不受影响的。他的罪与上帝无关,他的义对上帝来说,也不能加添什么。

这个观点之前在争论中就提出过。毫无疑问,它里面有真理的成分,但不完全。上帝全备的启示表明,按照无限公义的规定和要求,上帝是独立于人的;然而,根据上帝爱的本性——这些人谁也不理解这一点——他不可能不倚赖人。

以利户接着说，人找不到上帝是因为他们祷告的动机不对。约伯的祷告是他骄傲的结果。他的祈祷是为自己求帮助，而不是为上帝本身寻求他。以利户坚持说上帝不听虚妄，不眷顾狂傲。最后，他明确地指责约伯寻求上帝的动机是错误的。

(3) 以利户的哲学(卅六 1～卅七 24)
   A. 苦难的位置(卅六 1～25)
      a. 对约伯的要求(卅六 2～4)
      b. 痛苦的目的(卅六 5～15)
         (a) 上帝的公义治理
         (b) 苦难的价值
         (c) 哲学总结
      c. 应用于约伯(卅六 16～21)
      d. 用劝告重申神圣的目的(卅六 22～25)
   B. 上帝的伟大(卅六 26～卅七 24)
      a. 伟大的表现形式(卅六 26～卅七 13)
         (a) 降雨
         (b) 雷暴
         (c) 冬日
         (d) 风暴的配置和目的
      b. 应用于约伯(卅七 14～20)
         (a) 要思考
         (b) 要知道他无法猜透
         (c) 要知道到他无能为力
         (d) 要知道言语的愚妄
      c. 重申上帝的威严与公义(卅七 21～24)
         (a) 威严
         (b) 公义

## （3）以利户的哲学

以利户发言的最后一节是对他哲学的揭示，共分为两部分。第一部分，他谈到了苦难的位置。第二部分，说到上帝的伟大。以利户的哲学在第一乐章得到揭示，在第二乐章得到捍卫。

### A. 苦难的位置

他通过向约伯提出要求，引入对苦难的位置的说明；接着，他宣告了痛苦的目的；其后，直接应用于约伯；最后，以重申神圣的目的并发出呼吁结束。

a. 对约伯的要求

以利户要求约伯要忍耐，因为他有话要替上帝说；因为他将采取最全面的观点；最后，因为他要说的话都是真话。

以利户因对自己的立场绝对有把握，便直奔主题。他首先肯定上帝公义的治理。他否认上帝轻视任何人。上帝的智慧广大。上帝"保护恶人的性命"的说法是错误的；但他"为困苦人伸冤"的说法是正确的。

b. 痛苦的目的

接着，以利户进入了他论点的核心，开始宣布他对苦难价值的理解。他承认义人受苦的事实，说上帝在其中的旨意是让他们看清自己，开通他们的耳朵接受教导，并吩咐他们从罪孽中转回。所以，人的责任就很清楚了。听从和顺服，就能重获福乐。拒不受教的，就必灭亡，呼求帮助却得不到，以致发怒。因此，苦难的结果取决于人类对它的反应。于是，他用一句话概括了他的全部理念：

"神藉着困苦救拔困苦人，趁他们受欺压，开通他们的耳朵。"

因此，以利户的观点是，上帝有一些东西要教导人类，而人类只能通过痛苦来学习。这是否以偏概全还有待商榷。不过，毫无疑问，他的观点远比之前的发言所提出的观点更接近真理。

### c. 应用于约伯

他直接对约伯说,上帝通过他的受苦,目的是要把他从患难中领出来,进入宽广丰盛之地,但约伯却失败了。以利户知道,约伯的处境就像那些临到恶人身上的一样。他警告约伯,不要被自负迷惑了。

### d. 用劝告重申神圣的目的

以利户重申了上帝的旨意,最后劝告约伯要愿意学习。

因此,以利户实际上指责约伯有罪,不是因为罪是他受苦的原因,而是因为有罪作为受苦的结果。他的罪是苦难中的不安分。上帝有东西要教给他,但由于自负和苦难中的浮躁,他并未学到。

## B. 上帝的伟大

于是,以利户谈到了上帝的伟大,用于强调他的论点。首先,他列举了伟大的表现形式,然后,就直接应用于约伯。最后,他重申了自己对上帝的威严和公义的信念。

### a. 伟大的表现形式

有人认为,以利户发言的最后一部分,实际上描写了当时周围正在发生的事情。片刻之后,上帝在旋风中说话,因此这种看法认为,以利户正是一边注视巨大风暴的逼近和威力,一边做出描述的。

以利户的第一个例子是雨水,这是一幅奇妙的画卷:水在云中生成,在空中扩散,然后以雨的形式倾泻在大地上。大雨伴着隆隆的雷声,突然,闪电划过,随后是一片漆黑。闪电再次击中了靶子,连牲畜也意识到了风暴的来临。风暴渐强,雷声更响,闪电分外耀眼。大自然奇异而狂野地乱作一团,南风和北风相互冲撞,雨雪交加。风暴的目的或为责罚,或为润地,或为施行慈爱。

这些都是关于张力和暴风雨的例子,尽管描绘的是周围发生的事情,但他无疑是根据约伯所经历的环境选用这些例子的。以利户希望用上帝在自然界中的方法来说明属灵的方法。

### b. 应用于约伯

于是，以利户直截了当地要求约伯考虑一下。他劝告约伯，要知道他无法明白闪电的方向、云雾的平衡、南风的温暖。此外，他还劝告约伯，要认识到自己的无能为力。他能像上帝那样在暴风雨中行事吗？另外，他劝告约伯，要他知道自己言语的愚妄。人能对上帝说什么呢，上帝的方法人不知道，他的作为人也无法再现。

### c. 重申上帝的威严与公义

因此，以利户劝告约伯要仔细听，要认真想。在狂风暴雨中仍有光，这光是人所看不见的上帝威严的金光。全能的上帝无法测度。就算在能力的问题上，也超出了人的解释。

最后，以利户试图用风暴向约伯解释他无法测透上帝的事实，所以，他对抗上帝的那些话愚不可及。这是一个重大的主题，而以利户不能胜任进行讨论。在他发言当中，他被上帝的声音打断了。

# 四　　　　　　　　　　　　　　　　　耶和华与约伯之争

> F. 鸵鸟
> G. 马
> H. 鹰隼
> 2. 插曲（四十 1～5）
> （1）耶和华的挑战
> （2）约伯的回答

　　本剧的第三乐章包含了耶和华与约伯之争。旋风中传来了约伯等候已久的上帝的声音。耶和华的实际讲话几乎占满整章，仅有两小段记录约伯的回答。本乐章分为四个部分。第一部分，耶和华讲话，彰显他的荣耀。第二部分，记述了揭幕过程中的插曲。第三部分，是耶和华揭幕讲话的延续。最后，是约伯对此的最终回答。

## 1. 耶和华第一次揭幕

　　第一次揭幕包括：一个总体性的挑战；对上帝与物质世界无生命受造物关系的说明；对上帝与动物受造物的关系的说明。

### （1）上帝的挑战
　　天外之音从旋风中首先发出挑战：

　　"谁用无知的言语使我的旨意暗昧不明？"

　　关于这句话是指着约伯和以利户中哪一个说的，有不同的解释。虽然整个讲话都是耶和华对约伯的回答，但开头的问题，几乎可以肯定是指向以利户的发言。上帝的挑战并不是说以利户作了虚假的解释，而是他用自己也不完全明白的话，使上帝的旨意暗昧不明。正如我们在思考他发言的结尾部分时所看到的，这个话题对他来说太大了。上帝便从他手里接过这一话题，亲自来处理。现在应该留意的是，耶和华在这些奇妙的话语中，并没有打算向约伯解释他受苦的奥秘。上帝的方法是当着他仆人的面,在某些方面彰显他自己的荣耀。

## (2) 上帝与物质世界:无生命受造物

当着约伯的面,物质世界在与上帝的关系上,一一展现。首先揭开的是那些宇宙中最简单的现象,这些现象迄今为止仍被认为令人肃然起敬,超出了人类的理解力。这一乐章分为两部分,第一部分是地上,第二部分是放眼周围天际的更大视野。

### A. 地上

一系列的问题提到了上帝的创造之工:谁为大地立了根基;谁定了地的尺度;谁把准绳拉在其上。耶和华问约伯,地的根基安置在何处?他又转向海洋,宣布他对海的权柄,因为他用云彩作海的衣服,为它定界限止住它。接下来描写了黎明,最后是深渊,在大地深不可知之处,是如同死荫一般的海源。

### B. 诸天

接下来的景象是关于周围天际的,这里再次掠过两种景象。一个是大气层;一个是恒星。在处理第一个景象时,列举了人类可以观察到但无法解释的事物。光明与黑暗的来路,雪与雹的奥秘,暴风雨的威严和肆虐,雨、露、冰、霜的起源与方法。

同样,又列举了恒星空间,昴星的链条,参星的带子,十二宫的标志,北斗的行进。所有这些都是在简短的问题中提出的,但却辉映着荣耀。这些例子在约伯的脑海中一一掠过,他不禁感到自己的无知和无能。通过这种方法,上帝显示了他自己的知识和影响,以及他完成惊人活动的轻松自如。

本乐章以展示他在同一领域的治理效果作结束。诸天的定例,对大地的影响,雨水的产生,闪电的发出。就算人能成就其中之一,又是谁将智慧放在他心中,将聪明赐给他的呢?不言而喻,上帝的方法就是把他自己的能力和影响启示给他的仆人。相比之下,人类既无能又无知。

### （3）上帝与物质世界：动物的受造

　　神圣的荣耀还在继续揭开，但现在是显明在有生命的受造物上。先是一组简单的提问，用来说明人的无能和上帝的全能。狮子和幼狮的喂养；小乌鸦的叫声，犹如在上帝耳边祈祷，他为它们预备食物；低等动物繁衍生息的奥秘，以及生产的疼痛和力量的复原；野驴的自由、野性和桀骜不驯；野牛的蛮力；在所有这些事上，耶和华向约伯显示他的知识和大能，迫使约伯认识到自己的无知和软弱。

　　随着对愚拙以及权能和智慧的不同表现的处理，揭幕过程还在继续，就像显明在鸟兽之间的那样。鸵鸟因她羽翼的力量而欢然搧展，它也愚蠢地放弃蛋和雏；她的愚笨被解释成是上帝所为。他剥夺了她的智慧。战马拥有威力和驯良，使它可以为人所用，在奇特可怕的战场和厮杀声中兴致高昂，这本不是出自人手，它的全部力量都是天赐的。机智的鹰飞往南方，在高处搭窝，远离入侵的危险又便于瞭望和喂养雏鹰，这也是上帝的指引。

　　整个乐章显明了一个事实：在低级生命领域里，离开了耶和华的知识和大能，不会有任何事情发生。尽管上帝在对宇宙的治理中，把支配权授给了人类，但那只不过是对事实和力量的主宰，而这些事实和力量既不是人类创造的，也不是人类维持的。

## 2. 插曲

　　荣耀的揭幕暂停了片刻，因为耶和华立即对他的仆人说话，要求回答他提出的问题。

　　答案充满了启发性。这个面对朋友们的争执，说话掷地有声，不屈不挠的人，现在却高喊，"我是卑贱的。"

　　教训学到了，但还只是其中的初级阶段。约伯还需要被教导，他对上帝很重要。此刻，为了使最终的真理更有分量，唯一重要的是，他应该认识到自己与上帝之间存在的真正关系。从约伯的询问，和他表示决定用手捂口可以看出，这种认识已经使他心悦诚服。

　　"我用什么回答你呢？"

他说了一次，两次，如今无话可说了。沉默立刻成了他施展智慧的机会，也是他智慧的体现。

---

3. 耶和华第二次揭幕（四十 6～四十一 34）
   （1）上帝的挑战（四十 6～14）
      A. 针对约伯的批评
      B. 呼召行使治理权
   （2）两个例子（四十 15～四十一 34）
      A. 河马
      B. 鳄鱼
4. 约伯的回答（四十二 1～6）
   （1）他对上帝的认识
   （2）他对自己的认识
   （3）他的悔改

---

## 3. 耶和华第二次揭幕

耶和华再次使约伯把自己的软弱和愚昧，与上帝的大能和智慧作比较。就像第一次揭幕开始时一样，现在上帝吩咐约伯像勇士那样束腰。在每种情况下，开场白里都有耶和华对人类的尊严的承认。他所说的那些事，所有他自己创造的低级存在物都看不透，或者对其中属天的智慧答不上来。约伯则可以，因此，他被呼召去施展他独特的人性力量。

耶和华在第二次揭幕的时候，处理了一件特别的事，约伯在这件事上表现了他的愚蠢。它分为两部分，第一部分是对约伯的挑战。第二部分是两个例子，向他展示要应对挑战是多么不可能。

### （1）上帝的挑战

约伯在苦难中曾用推理法，把责任归咎于上帝治理宇宙的方法。如今，耶和华对此提出挑战。他没有解释他的治理方法，而是建议约伯来像上帝一样管理世界。他召唤约伯来执掌治理的缰绳，这是一种巧妙且温和的讽刺。他让他装扮整齐，摆开架势，施展权能。他让约伯在他的批评起作用的道德领域去做。他让约伯使狂傲、傲慢的降卑，并制服罪人、恶人。当约伯能够做到这些的时候，耶和华就承认他的右手能拯救自己。

**（2）两个例子**

在挑战了他的仆人，要他承担世界和道德领域的责任之后，耶和华建议做两个实验。有些人表示反对，认为对河马和鳄鱼的描写是多余的，因为它们似乎不符合此处的总体观点。这种看法肯定是错过了真正的思路。正如我们所见，耶和华召唤约伯来行使治理之权。在道德领域里，他把两种非道德的动物带到他面前，并提议约伯对它们行使他的权柄和能力。这应该比管理人要容易得多。物质总是比道德更易受人支配。如果能使这个人在低级领域里感到他的绝对软弱，自然会推断出他在高级领域里的无能为力。如果他不能驯服和驾驭这些怪兽，他又怎能承担起创造它们的那一位的职责，完美地管理它们呢？

耶和华就这些凶猛动物给约伯提出的建议里面，有一种温和至极的戏谑。约伯能用绳子或钩子抓住它们吗？鳄鱼会向约伯求饶吗？约伯能拿它作自己或幼女们的奴仆或玩物吗？在耶和华的话语中，有一种细致且幽默的讽刺。

"按手在他身上，想与他争战，就不再这样行吧。"如果没有人敢招惹鳄鱼，又有谁能在上帝面前站立得住呢？如果约伯不敢去捕捉、征服或与这种动物嬉戏，又怎能指望在宇宙的治理上与上帝争竞呢？

问完了这个问题，又回到对那兽的力量的描述上，它的力量是多么强大啊。的确，画面中的人企图用刀、枪、矛或尖枪战胜它，而它始终在烈怒中守护自己的堡垒，成为骄傲的水族之王。

就这样，上帝自己荣耀的彰显，并非在精神的高处，而是在对河野走兽的认识和掌控上落幕了。这肯定不是我们在处理约伯的问题上应采取的方法，但结果证明这是最好的方法。对于一个认识上帝的人来说，只要让他最普通的常识在上帝真正的荣耀中燃烧起来，他就能从那里攀升到对至理名言的认识上——那就是，神的治理是完美的。

## 4. 约伯的回答

　　约伯的回答充满了甘心顺服的庄严。当他说出降服的话，顺服中的他比他被带入的所有环境都更伟大。在他折服的那一刻，他站了起来，战胜了使他烦恼和困扰的力量。在他承认上帝的能力以及自己过去言语的愚妄，并在上帝荣光照耀下懊悔的同时，上帝的荣耀得以展现，这荣耀在上帝显现时展示的宇宙其他部分中没有体现。这降服的话意味着上帝的胜利。痛苦一直没有得到解释，但痛苦已被遗忘，约伯的心志所对抗的各种试炼环境都不见了。他在与上帝的关系中找到了自己。以利法曾劝告他这样做，却未能教给他如何做，现在他做到了。他认识了上帝，他将财宝丢在尘土中，他已发现耶和华是他一切满足的力量。

# 第三部分

## 结尾

# 五 　　　　　　　　　　　　经炼之后的那人

## 1. 获胜的代祷者

在约伯的灵魂中大获全胜之后,耶和华对付了他的朋友们。他的怒气向他们发作,但怒气中带着慈爱。尽管他们的话错了,但他们的动机是好的。他们试图解释上帝的时候,并没有说到对的事情。尽管约伯只是喃喃自语,甚至肯定自己无法理解,但他说的关于上帝的真理,比他们说得更加深刻。

耶和华向他们为约伯洗冤的标志是,他称约伯为"我的仆人",这和他在试炼一开始称呼他时所用的是同一个词;另一个标志是,他还指定他的仆人作他朋友们的代祷者。他们曾试图用道理使约伯归向上帝,而如今约伯是耶和华所指定的,要藉着他的祷告使他们复兴。

在神圣的代祷行动中,他自己的捆绑终结了,他进入了灵魂的终极自由。正如开头有一些有利于这三位朋友的话要说,结尾也是如此。他们的真诚表现在他们顺服,带来祭品,并作了忏悔。

## 2. 他的熟人归来

在他复兴之时，从前的熟人又回到他身边来，分享他的款待，送给他礼物。这当中有一种我们都熟悉的世态炎凉。

## 3. 福气

剩下的都是用短句讲述的。他后来的福气比原先更大。他的财富增加了，子孙繁多，他自己的属灵经验也更丰富了。他曾经经过烈火，如今从火中出离，耶和华赐他享大寿数，满了平安。

在结束对这部伟大书卷研究的时候，还好我们没有试图制定一种包含痛苦问题解决方案的哲学。

至少我们学到了一点：通过试炼，这个人得到了更丰盛、更充实的生命。这种境界的达成，是因为他对上帝有了更充分的认识。

**图书在版编目(CIP)数据**

约伯记/(英)坎伯·摩根著;王克勤译. —上海:上海三联书店,
2022.1(2025.8重印)
ISBN 978-7-5426-7625-2

Ⅰ.①约…　Ⅱ.①坎…②王…　Ⅲ.①《圣经》—注释
Ⅳ.①B971.2

中国版本图书馆 CIP 数据核字(2021)第 250835 号

# 约伯记

著　　者 / 坎伯·摩根

译　　者 / 王克勤

责任编辑 / 李天伟

装帧设计 / 豫　苏

监　　制 / 姚　军

责任校对 / 王凌霄

出版发行 / 上海三联书店

　　　　　　(200041)中国上海市静安区威海路 755 号 30 楼

邮　　箱 / sdxsanlian@sina.com

联系电话 / 编辑部：021-22895517

　　　　　　发行部：021-22895559

印　　刷 / 上海盛通时代印刷有限公司

版　　次 / 2022 年 1 月第 1 版

印　　次 / 2025 年 8 月第 3 次印刷

开　　本 / 890mm×1240mm　1/32

字　　数 / 100 千字

印　　张 / 3.25

书　　号 / ISBN 978-7-5426-7625-2/B·762

定　　价 / 27.00 元

敬启读者,如发现本书有印装质量问题,请与印刷厂联系 021-37910000